骆紫月 著

个人破产复权制度研究

知识产权出版社
全国百佳图书出版单位
—北京—

图书在版编目（CIP）数据

个人破产复权制度研究/骆紫月著.—北京：知识产权出版社，2025.6.—ISBN 978-7-5130-9765-9

Ⅰ.D922.291.924

中国国家版本馆 CIP 数据核字第 2025LU1049 号

内容提要

本书聚焦个人破产复权这一前沿议题，以实践与理论双重视角展开深度剖析。书中系统梳理全国多地试点实践，揭示制度运行中的程序困境、法律空白等现实挑战，直指现行规范与复杂实践之间的矛盾；同时从社会经济、法律文化等维度出发，深度阐释制度建构的现实土壤与多元价值，提炼出其运行的底层逻辑。基于理论溯源与国内外经验对比，立足中国国情，提出兼具前瞻性与实操性的制度建构方案，从顶层设计到具体细则均有翔实论证，为破解个人破产复权难题、完善我国破产法治体系提供了极具参考价值的新思路与新路径。

责任编辑：程足芬　　　　　　　　责任校对：潘凤越
封面设计：纺印图文·韩力君　　　责任印制：孙婷婷

个人破产复权制度研究

骆紫月　著

出版发行：	知识产权出版社有限责任公司	网　　址：	http://www.ipph.cn
社　　址：	北京市海淀区气象路 50 号院	邮　　编：	100081
责编电话：	010-82000860 转 8390	责编邮箱：	chengzufen@qq.com
发行电话：	010-82000860 转 8101/8102	发行传真：	010-82000893/82005070/82000270
印　　刷：	北京中献拓方科技发展有限公司	经　　销：	新华书店、各大网上书店及相关专业书店
开　　本：	720mm×1000mm　1/16	印　　张：	12.25
版　　次：	2025 年 6 月第 1 版	印　　次：	2025 年 6 月第 1 次印刷
字　　数：	200 千字	定　　价：	78.00 元
ISBN 978-7-5130-9765-9			

出版权专有　　侵权必究
如有印装质量问题，本社负责调换。

前言

随着社会的发展，居民消费投资观念逐渐转变，金融服务便利度不断提升，金融业经营模式与产品不断多元化，整个社会通过适当借贷来改善生活和开展生产经营活动已经是普遍现象，个人因此而身陷债务漩涡不能自拔的事例也并不鲜见。因此，为实现债务人、债权人以及社会利益的平衡，促进"诚实而不幸的债务人"重返正常社会经济生活的个人破产程序的重要功能日益彰显。而个人破产促进破产债务人从无力清偿的巨额债务中涅槃"再生"的核心机制则是破产复权制度。在全国统一的个人破产法尚未出台之际，2021年3月1日实施的《深圳经济特区个人破产条例》对破产复权制度作出了专门规定，但总体设计相对简略，仍存可资改进之处。鉴于个人破产复权制度对于个人破产立法具有举足轻重的价值，本书运用既有理论成果，借鉴以往实践经验，分析当代客观需求，结合中国社会情境，力图通过深入系统的研究来厘清个人破产复权制度的历史溯源与演进发展、两大法系的制度概况、新中国的制度探索与实践障碍，并对个人破产复权制度进行社会和经济分析，在此基础上提出建构中国个人破产复权制度的理论基础、基本理念、建构思路以及对接机制。本书除引言外共分为五章。

第一章"个人破产复权制度的历史溯源与发展概况"。本章首先整理分析了域外个人破产复权制度在古代和中世纪的源起与发展，指出《汉谟拉比法典》规定的债务清偿的考察期义务（三年劳役）以及人身权利的恢复，可视为个人破产复权制度的滥觞。古罗马法在程式诉讼和非常诉讼时期已经出现了类似债务人破产失权的"破廉耻"制度，也与破产复权制度的功能非常类似。中世纪的商事习惯法已经初步区分了自然人人格和商人人格，并用独立财产承担商事破产责任。本章随后对大陆法系和英美法系部分地区的个人破产复权制度进行了概略介绍。最后对中国古代及近代的破产制度进行溯源归纳，收集了部分朝代债法中有关破产及复权制度的相关书面文献，梳理了中国近代破产制度的发展脉络，分析了古代中国未能产生个人破产制度的缘由，并分析了传统法律观念在现代破产复权制度建构中的积极意义与转化问题。

第二章"新中国个人破产复权制度探索与实践障碍"。本章首先从新中国破产复权制度的发展情况和个人破产复权制度的现实需求、相关替代性举措等几个方面讨论了新中国在个人破产复权缺位情况下的制度探索。然后较为详细地分析了已经实施的《深圳经济特区个人破产条例》中关于个人破产复权的规定，并结合公开信息归纳了深圳破产申请的方式及程序、破产申请的实施情况、法院受理的依据以及失权复权的实施情况，对具有典型代表意义的破产案件进行了介绍和评析，分析了个人选用不同破产制度的影响因素和复权程序的区别。最后归纳整理了中国个人破产复权制度的实践障碍，主要包括通过问卷调查得出社会公众对个人破产复权的认知度和接受度较低，针对地方立法分析了个人破产复权制度的不足，并指出与其他法律程序的对接机制缺失等问题。

第三章"个人破产复权制度建构的社会情境与效用分析"。本章首先采用社会分析法简要归纳了当代中国建构个人破产复权制度所要面对的主要社会情境，诸如消费与创业的风险偏好不断增加、信息技术深度影响社会经济生活、社会保障成为每个人的基本需求、法治进步推动公众法律观念转变。随后利用经济分析法对个人破产复权制度进行效用分析，分析的重点主要包括个人破产原因的法经济学分析、破产复权制度对债务人的效用、破产复权制度对债权人的效用以及破产复权制度的社会总体效用。上述不同角度的分析最终都可以得出实行破产复权制度的收益大于成本的结论。社会分析与经济分析有助于从理论层面进一步证明加快建构全国统一的个人破产法及其复权制度的现实必要性。

第四章"个人破产复权制度建构的理论基础与基本理念"。本章首先探讨了个人破产复权制度建构的理论基础。从全球相关制度的演进发展来看，人权观念、社会整体利益、"拯救诚实而不幸的债务人"理论等对个人破产制度的影响巨大。因此，尽管中国当代个人破产复权制度建构的理论基础涉及方方面面，但最为关键的是要立足于从债权人保护到债务人再生的功能转换、成本收益考量中的社会整体效益标准，并准确把握尊重人权是法治文明建设的必然要求。然后探讨了中国当代个人破产复权制度建构的基本理念，主要归纳为尊重人权与公平公正相结合、践行法治与利益平衡相结合、借鉴吸收与本土特色相结合。

第五章"个人破产复权制度的建构思路与对接机制"。首先，本章分析了中国当代个人破产复权制度的模式选择，指出在立法模式上宜采取全国统一的破产立法来建构个人破产复权制度；在破产复权的启动模式上应当采取许可复权与当然复权相结合的混合复权模式，其中破产和解和破产清算程序应采用许可复权模式，破产重整可采用当然复权模式。其次，本章探讨了个人破产复权制度的实体内容，主要包括要注重失权复权的协调对接；合理界定个人破产复权的主体范围，应当包括消费者、个体和组织形态的商人破产人以及准破产人，但不应包括遗产继承主体；科学设计个人破产复权的条件。再次，本章探讨了个人破产复权制度的程序内容，主要包括许可复权的程序设计、当然复权的程序设计以及破产复权的宣告程序。最后，本章简要考虑了个人破产复权制度的对接机制，主要包括破产复权与民事执行的对接、破产复权与刑事处罚的对接以及破产复权与域外司法的对接。

目录

引言 ······ 001
    一、研究背景及目的 / 001
    二、研究意义 / 003
    三、研究综述 / 008
    四、研究方法 / 022
    五、主要研究思路及创新点 / 024

第一章 个人破产复权制度的历史溯源与发展概况 ······ 027
  第一节 个人破产复权制度的源起与演进 / 027
    一、《汉谟拉比法典》中的债务奴隶恢复自由 / 027
    二、《十二铜表法》中类似失权的破廉耻制度 / 028
    三、中世纪商事习惯法中的剥夺经营资格 / 030
  第二节 大陆法系个人破产复权制度概览 / 031
    一、德国个人破产复权制度形成与发展 / 031
    二、法国个人破产复权制度形成与发展 / 032
    三、日本个人破产复权制度形成与发展 / 033
  第三节 英美法系个人破产复权制度概览 / 036
    一、美国个人破产复权制度形成与发展 / 036
    二、英国个人破产复权制度形成与发展 / 038
    三、其他英美法系国家个人破产复权制度 / 039

· i ·

第四节　中国古代及近代相关制度发展概况 / 040
　　一、中国古代债务清偿相关制度 / 040
　　二、中国近代破产制度立法进程 / 045
　　三、破产制度本土化的障碍分析 / 047

第二章　新中国个人破产复权制度探索与实践障碍 …………… 052

第一节　个人破产制度立法的推进现状 / 052
　　一、破产立法的简要进程 / 052
　　二、个人破产的现实需求 / 054
　　三、个人破产的社会共识 / 059
　　四、个人破产的地方立法 / 060

第二节　个人破产复权制度的替代举措 / 062
　　一、民事强制执行程序的退出机制 / 062
　　二、失信名单与限制令的解除程序 / 065
　　三、个人债务集中清理的终结执行 / 067

第三节　深圳个人破产条例的复权规定 / 070
　　一、个人破产的申请程序 / 070
　　二、破产复权的总体规定 / 074
　　三、破产复权的基本程序 / 075
　　四、制度实施的实践情况 / 077

第四节　台湾和香港地区个人破产复权制度概况 / 082
　　一、台湾地区个人破产复权制度 / 082
　　二、香港地区个人破产复权制度 / 083

第五节　个人破产复权制度的实践障碍 / 084
　　一、个人破产复权制度社会认知不足 / 084
　　二、全国统一个人破产立法尚未出台 / 089
　　三、地方立法具体制度设计存在疏漏 / 090
　　四、与其他法律程序的对接机制缺失 / 094

目 录

第三章 个人破产复权制度建构的社会情境与效用分析 …………… 096
  第一节 个人破产复权制度建构的社会情境 / 096
    一、消费与创业的风险偏好不断增加 / 096
    二、信息技术深度影响社会经济生活 / 098
    三、社会保障成为每个人的基本需求 / 107
    四、法治进步推动公众法律观念转变 / 111
  第二节 个人破产复权制度的效用分析 / 113
    一、法律制度的成本与收益分析法 / 113
    二、个人破产原因的法经济学分析 / 115
    三、破产复权制度对债务人的效用 / 118
    四、破产复权制度对债权人的效用 / 119
    五、破产复权制度的社会总体效用 / 121

第四章 个人破产复权制度建构的理论基础与基本理念 …………… 124
  第一节 个人破产复权制度建构的理论基础 / 124
    一、从债权人保护到债务人再生的功能转换 / 124
    二、成本收益考量中的社会整体效益标准 / 126
    三、尊重人权是法治文明建设的必然要求 / 128
  第二节 个人破产复权建构的基本理念 / 129
    一、尊重人权与公平公正相结合 / 129
    二、践行法治与利益平衡相结合 / 134
    三、借鉴吸收与本土特色相结合 / 141

第五章 个人破产复权制度的建构思路与对接机制 …………… 146
  第一节 个人破产复权制度的模式选择 / 146
    一、立法模式：全国统一的破产立法 / 146
    二、启动模式：许可与当然混合复权 / 150
  第二节 个人破产复权制度的实体内容 / 158
    一、失权复权的协调对接 / 158

二、个人破产复权的主体 / 161

　　三、个人破产复权的条件 / 166

第三节　个人破产复权制度的程序内容 / 168

　　一、许可复权的程序设计 / 168

　　二、当然复权的程序设计 / 169

　　三、破产复权的宣告程序 / 171

第四节　个人破产复权制度的对接机制 / 174

　　一、破产复权与民事执行的对接 / 174

　　二、破产复权与刑事处罚的对接 / 176

　　三、破产复权与域外司法的对接 / 178

附件　个人破产复权问卷调查 …………………………………… 181

引 言

一、研究背景及目的

近几年每逢春节,各大互联网平台纷纷以发红包的方式争取用户,并在 APP 图标上打出"分 20 亿""分 21 亿"等口号进行营销。而作为乐视网移动客户端的乐视视频,2021 年春节前夕则因在 APP 的 LOGO 处打出"欠 122 亿"的字样上了新闻头条。2004 年乐视网信息技术(北京)股份有限公司成立,2010 年 8 月在深圳证券交易所成功挂牌,市值最高峰超过 1500 亿元。但随着其创始人贾跃亭的一系列操作,乐视网资金链发生断裂。2020 年 5 月 14 日,深交所发布公告,称由于乐视网归属的上市公司股东的期末净资产为负值,根据相关法律及核查意见,终止乐视网的股票上市。

作为乐视网原有的大股东和董事长,贾跃亭与乐视网因为共同保证、连带债务、关联欠款等欠下了大量债务,乐视网董事长称乐视网公司债务中贾跃亭担保的金额约 90 亿元,乐视控股称担保的金额约 30 亿元。不管具体数额如何,贾跃亭个人显然都难以清偿巨额的债务。由于中国当时尚无个人破产制度,贾跃亭于 2019 年 10 月 13 日在美国申请个人破产重组,2020 年 5 月 21 日美国加州中区破产重组法院以听证通过受理申请。但因重组方案只将中国境外财产计入信托之中,对于在中国的债权人必须进行选择,或者妥协同意美国的重组方案,或者继续在中国范围内依据中国法律主张债权。

贾跃亭的破产纠纷并非个案。从全国范围来看,受银行业风险变化、居民投资消费观念转变、金融服务便利化等因素影响,整个社会通过适当的举债来进行生活和开展生产经营活动已经是普遍的现象。信用消费充斥于现在个人消费者的生活之中。从日常的房贷到车贷，从线上网贷平台到线下的信用卡，个人负债现象已经非常普遍。根据 2020 年中国人民银行调查统计情况显示，中国城镇居民家庭资产负债绝大部分为房屋贷款，约占 75.9%，贷款种类相对集中，主要以向银行贷款的方式形成负债，而且运用杠杆现象较为普遍。

有调查结果反映：中国居民家庭金融资产负债率偏高，部分低资产家庭资不抵债，中青年群体负债压力大，老年群体对金融产品认知不足，因而存在资金流动性风险、违约风险，尤其是刚需型房贷家庭的债务风险突出。[①] 这可能导致某些不理性的过度消费者欠下无力清偿的债务。另外，随着市场经济活动的不断深入，企业的股东或实际控制人往往成为企业债务的连带担保人。由于经营管理不善、决策失误、资金链断裂等诸多因素，再加上 2019 年末开始的新冠疫情影响，有大量实体经济遭受了严重的冲击而导致企业破产的案例，如果创业者为企业融资提供了个人担保，往往深陷债务泥潭。由于无力消除企业破产造成的债务负担，必然会影响破产程序的顺利进行。

需要承担无限偿债责任的个人数量愈加增多，但由于缺乏个人破产制度的免责机制和复权机制，引发了一些典型的债权人暴力催收、债务人自杀等恶劣事件，这些问题必须从制度设计层面加以解决。个人破产制度的建构主要是"为了规范个人破产程序，合理调整债务人、债权人以及其他利害关系人的权利义务关系，促进诚信债务人经济再生，完善社会主义市场经济体制"。为了达到促进诚信债务人重返社会经济生活的核心目的，个人破产制度的设计应着重考虑破产复权制度的设计。本书在进行问卷调查的过程中也注意到，在个人债务的集中清理程序中，很多债权人尽管无法完全实现其债权，也非常关心是否会对债务人的部分权利进行限制，如通过颁发高消费限制令对债务人施加失权程序。相对应而言，债务人则更加关心自身权利能否得到保障，即复权程序的设计和适用。个人破产复权制度的完善与否直接决定了债务人是否会选择向人民法院提出破产申请。有鉴于此，本书希望从个人破

---

① 戴曼曼：《中国城镇居民房贷占家庭总负债的 75.9%》，载《羊城晚报》，https://www.sohu.com/a/391408100_120046696，2021 年 6 月 1 日访问。

产复权制度的基本概念、实体性规则、程序性规则等方面加以评析，对破产复权制度进行明确的指引和建构，以提出相应的完善建议。

二、研究意义

（一）理论意义

1. 明确个人破产复权制度的重要性及正当性问题

个人破产复权制度在个人破产制度的设计中，既作为债务人启动破产程序所追求的制度，同时也成为失权程序对应的最终闭环制度，具有重要的地位，因此有必要论证其重要性和正当性的问题。

首先，从个人破产制度的启动来看，个人破产复权制度使得破产债务人能够有回归正常社会经济生活的期待，推动其主动申请采用个人破产程序解决自身的债务问题。而对于债权人而言，其能通过个人破产程序获得债务人财产范围内的最大清偿以及考验期内的债务偿还，相较于被终结执行的名义债权更有意义，债权人丧失的实质性债权利益并不多，对债权人也有益处。其次，从个人破产制度的运行来看，从破产有罪主义到破产惩罚主义是文明的体现。破产债务人不再被视为罪人，而仍然给予其相应的公法及私法的权利和资格限制，此种惩戒方式会推动个人破产程序，从而能够实现间接强制清偿债务之目的。但个人破产程序与法人破产程序终结的法律效果不同，其不会发生人格消灭的法律后果。因此，个人破产程序终结，对债务人资格和权利的限制也应当终结，给予债务人"重生"的机会，即适用复权制度。最后，从个人破产制度的结果来看，通过复权制度拯救诚实而不幸的债务人，使债务人回归正常的社会经济生活中，能继续创造社会价值，反过来也节省了社会成本。并且个人破产复权制度的存在，从另一角度而言，也更加促使个人或金融机构的债权人在借款之前尽到审慎义务，调查并判断债务人的偿还能力，从而规范借贷行为，促使社会的经济秩序更加趋于稳定。从法经济学理论进行分析，个人破产复权制度是收益远大于成本的。

综上所述，开展相关研究有助于深化对个人破产复权制度重要理论问题的理解，并应用于破产复权立法和司法的实践。个人破产复权制度通过法经济学的成本效益分析，能够使社会获得总体收益远大于成本，立法评估上具有正当性，并且在个人破产制度中复权制度与失权制度、免责等重要制度结合紧密，在个人破产的立法体例中应以专门章节或者条款予以考虑。

2. 探索个人破产复权制度移植问题

个人破产制度在其他国家已经实行多年，有了相对成熟的经验，在我国也同样具备了学术研究的基础。但在 2006 年制定相关破产法律的进程中，基于传统的破产有罪的法律观念，加之当时经济体制及配套制度的缺失，最终仅颁布实施了《中华人民共和国企业破产法》，而并没有完成个人破产制度相关立法。而在中国个人破产制度中，复权制度的设置则更为敏感，更难以为普罗大众所接受。

尽管在全球化的商事贸易中，现代市场的融合要求促使我国需要借鉴发达国家已经积累了丰富经验且行之有效的法律制度，但正如萨维尼所说："（法律）深深植根于一个民族的历史之中，而且其真正的来源乃是普遍的信念、习惯和民族的共同意识。"[1] 简单套用其他国家及地区的个人破产复权制度是不够科学的，要避免不加选择的盲目移植。

所以，研究中国的个人破产复权制度，必须结合中国的现状，选择能落地生根并实际产生效果的法律进行移植，注意国外法和本国法之间的同构性和兼容性，法律移植供体和受体之间的共同性，法律体系之间的系统性以及法律规定适当的超前性。同时，审视中国法律传统文化及非正式的法律制度之中的特殊性，严格基于《中华人民共和国立法法》的步骤开展立法工作，也是更加有效促使移植的法律制度增强民众的心理认同感，提升法律司法效力的关键点，这也是本书的理论意义所在。

3. 研究个人破产复权制度中的利益平衡问题

破产复权制度中价值取向将决定制度的具体内容，而价值取向中主要涉及债权人与债务人的经济利益平衡、社会利益与人权保护的利益平衡问题。因此，在现代营商环境下，需要讨论因不可预知的市场风险或疫情等社会风险对创新创业者所造成的债务压力，应当如何进行风险分担。

在债权人和债务人的经济利益平衡方面，破产复权制度保护的是诚实而

---

[1] [美] 博登海默：《法理学——法哲学及其方法》，邓正来、姬敬武译，华夏出版社 1987 年版，第 82 页。

不幸的债务人。如果破产程序的立足点是满足债权人的利益,意图完全实现债权人享有的债权,这是不可取的。基于利益平衡的原则,立法者在设置破产程序时候应当考虑所有涉及破产的主体,兼顾除债权人主体以外的其他主体利益。美国的简·维斯特布鲁克代表着传统主义,强调破产法分担损失的功能,认为所有受到破产消极影响的主体利益均应纳入破产制度的设计中。

更为重要的是限制权利和人权保护之间的利益平衡关系。在为数不少的案例中,诚实而不幸的债务人都值得同情,沉重的债务负担给他们带来了巨大的压力和焦虑,甚至波及家属。但按照过往的做法,法律对其施加强力的限制和制裁,而不考虑由社会共同承担风险,分散风险,这有违人权保护精神。对债务人限制权利主要是为了保障破产程序的顺利开展,各债权人之间受到平等的对待。而当破产程序完结之后,目的既然已经达到,不应该无限期地对债务人进行权利限制,因此需要考虑保护债务人的人权,给予其人道主义的帮助,使得债务人回归到正常的家庭生活和经济活动之中。

总之,个人破产复权制度需要基于利益平衡原则实现债权人、债务人、其他主体的多方利益,同时综合考虑人权保护和债务人限权的利益平衡问题。这些价值取向的研究问题同样是研究破产复权制度中重要的理论问题。

(二) 实践意义

1. 有助于改善营商环境

在征得债权人同意之后,债务人经历债权债务的清理,财产的重新分配、权利的限制程序,可以在度过考验期后免除债务。这不仅能使债务人回归到正常的生产生活中,甚至可以给予债务人重新开始创业的机会,这为创业失败或对企业承担了连带担保责任的债务人无疑提供了机会。破产复权制度虽然使债务人脱离了还款责任,导致债权人的债权无法全部实现,但对于整个社会而言,原来深陷债务泥淖的破产债务人得以重返市场,繁荣市场。同时债权人将更加审慎地授信,有利于遏止浮躁的信贷市场带来的更大金融风险,能够增加整个社会的稳定性、市场活力和经济效益,能够促进经济和社会发展,从法经济学的视域来看其收益是大于投入的。特别是现在国家大力推进万众创新创业的政策和措施,个人普遍商人化的趋势使得人们对于投资、创业的信心显得十分重要。"债务人若能摆脱债务的羁绊,且保留自己的劳动成果,就能激发其能动性,重返社会,成为有创造力的人。对全社会都是有益的"。① 因此破产复权制度能够使债务人重新开始生活,鼓励个人从事商事活动,从而有助于社会法治营商环境的改善。

2. 有助于尊重和保护人权

对破产复权制度的研究有利于破产债务人的人权保护。生存权和发展权是首要的基本人权,原有的破产制度着重在于对破产人的基本人权加以限制,督促其尽量偿还债务,这对于破产债务人是沉重的枷锁。1841 年,美国泰勒总统针对破产制度给个人带来的负面影响也曾加以评述:"与绝望的无力支付相伴随,过去数年混乱中的痛苦降临到了许多市民常年在债务的痛苦中挣扎,他们的精神和肉体都承受债务的重压,已成为国家的损失。"② 失权制度将债权人的追偿行为纳入了法治的轨道,可以避免暴力催债等极端情况的发生。基于宪法"尊重和保障人权"的要求,限制需要有一定的期限,否则对债务人过于严苛。期限过后则进入复权程序,破产复权制度能够使破产债务人摆脱债务,重获再生,回归到正常的社会经济生活中来,"移除那些恐怖而令人绝望的负担,使债务人能从沉重的债务枷锁下解脱,满怀希望、充满活力地重返生活正轨"。③ 习近平总书记也指出"人权是人类文明进步的标志。呵护人的生命、价值和尊严,实现人人享有人权,是人类社会的共同追求。坚持人民至上,把人民对美好生活的向往作为奋斗目标,是时代赋予世界各国的责任"。④ 在这个意义上,破产复权程序恢复破产债务人的个人权利,使得其减等的人格得以恢复,切实保障了破产债务人的生存权和发展权。因此破产复权制度充分体现了法治文明的进步,有利于我国民众深入了解并传播尊重和保护人权。

---

① [美] 查尔斯·J. 泰步:《美国破产法新论》,韩长印等译,中国政法大学出版社 2017 年版,第 1044 页。

② 李永军:《破产法律制度》,中国法制出版社 2000 年版,第 32 页。

③ [美] 查尔斯·J. 泰步:《美国破产法新论》,韩长印等译,中国政法大学出版社 2017 年版,第 1045 页。

④ 习近平:《习近平向 2021·南南人权论坛致贺信》,载半月谈,http://www.banyuetan.org/yw/detail/20211209/1000200033137441638963091395997399_1.html,2021 年 12 月 8 日访问。

3. 有助于推动破产制度及其配套措施的体系化完善

个人破产复权制度的有效实施并发挥良好的作用,有赖于建立一系列对应的配套制度。个人的财产申报登记制度、社会保障制度、个人征信制度是其中较为重要的配套制度。个人的财产申报登记制度有助于准确界定破产债务人的破产财产,便于破产管理人迅速便捷地管理破产财产,避免因为债务人对财产隐匿或恶意转移严重影响债权人的利益。社会保障制度能够使破产债务人在失权和复权阶段遭遇举债和再就业的困难时避免生活难以为继,这些困难依靠家庭的力量难以完全克服,需要国家建立社会保障制度以保证债务人的基本生活,同样也能维持社会的稳定。

在建构个人信用制度方面,破产复权制度对中国的"欠债还钱"传统观念是一个巨大的冲击。在破产复权制度建立之前,债务人基本上承担了无限清偿责任。允许个人破产复权,可能会诱发一些道德风险,导致某些恶意债务人故意借贷大笔款项并进行挥霍甚至转移财产,然后通过个人破产制度逃避应当偿还的债务。如果在个人信用体系尚未建立健全的情况下,就进行破产复权制度的实施,势必会导致负面的社会效果。因此,"个人信用是个人破产制度公平的度量工具,而个人破产制度是个人信用的鞭策工具。二者相辅相成,互为犄角"。[①] 因此完善个人信用体系的建设,有利于债权人和债务人利益平衡原则的实现,也成为了破产复权制度的必然前提。一方面是要加强相关机关通过信用体系查清个人财产的渠道,结合中国人民银行征信系统及民间征信机构的协作,建立个人征信系统。另一方面是要加强债务人如实报告财产的义务,完善考察期内财产登记制度,避免恶意的债务人通过欺诈方式逃废债务的情况。如果债务人恶意逃废债务,债权人或其他利害关系人可以申请人民法院撤销免除未清偿债务的裁定。

总之,个人征信、个人的财产申报登记、社会保障等个人破产复权的配套制度,不仅有利于破产复权制度的适用,也有利于依法治国整体目标的实现,具有极为重要的意义。

[①] 刘冰:《个人破产制度应以信用为尺》,载光明网,https://guancha.gmw.cn/2020-07/23/content_34023455.htm,2021年6月3日访问。

三、研究综述

(一) 域外相关研究现状

个人破产制度在域外不少国家和地区已实行多年,各国在具体制度上都有所不同。相关的理论研究大多与破产制度本身融合在一起。现仅就与本书研究主题较为密切的研究成果简要综述如下:

1. 关于个人破产制度理论层面的探讨

(1) 个人破产制度的道德基础

有研究指出,从破产法制度发展历史来看,人们逐渐认识到破产程序有一个客观的道德层面,破产法变革演进的一个方向就是反映和实现这种道德目标。破产法中债务人财务救济条款的核心依据是自然法理论。自然法反映了理性和良知,这些公平和人道主义的基本原则构成了破产法债务人救济条款的道德层面。个人尊严与责任承担相互交织的线索共同构成了债务人财务救济的潜在道德基础的根源,它表明破产制度设计拒绝将经济行动本身作为目的,并在更高的层面上寻求正当性基础。[1]

(2) 个人破产制度的文化基础

有学者在对美国破产制度的实证研究时指出,纸面上的正式法律与实践法律之间存在着巨大的差异,不同地区的法律执行情况也存在巨大差异。破产实践的变化是律师、法官和其他政府官员对破产申请人决策过程综合影响的结果,可以将这种差异归因于内部和当地法律文化的影响。[2] 另有研究指出要关注个人如何将其财务问题转化为可通过申请破产解决的法律问题,并呼吁破产律师、法官和受托人确保该体系本身不会加剧人们在破产之外面临的财务问题。[3]

---

[1] Richard Flint, *Bankruptcy Policy: Toward a Moral Justification for Financial Rehabilitation for the Consumer Debtor*, 48 Washington and Lee Law Review, 515 (1991).

[2] Rafi Efrat, *Legal Culture and Bankruptcy: A Comparative Perspective*, 20 Emory Bankruptcy Developments Journal, 351 (2004).

[3] Pamela Foohey, *Access to Consumer Bankruptcy*, 34 Emory Bankruptcy Developments Journal, 341-364 (2018).

(3) 个人破产制度的权利层面

有研究指出,现代破产免责概念随着时间的推移而出现,考虑了保护个人不放弃他们可能系统地低估的权利。陷入财务困境的个人享有两项重要的权利。首先,无论是否破产,其都可以保护自己的一些资产不受债权人的侵害,如债权人不能扣押债务人身上的衣服、交易工具、基本家庭用品、结婚戒指或宅基地;其次,"诚实但不幸的债务人"有权利获得破产"再生",他可以提交破产申请并获得对过去债务的免除,一旦如此,他只能保留少许债权人不能主张的豁免财产,但可以享有未来的收入不受旧债权人要求赔偿的影响。每种权利都允许债务人将一些资产(一种情况下是现有财产,如家庭用品,另一种情况下是未来收入)置于债权人无法触及的地方。债务人不能放弃享受未来收入的权利,他不能在借贷时放弃提交破产申请的权利。对未来收入的留置权也不能在破产后继续存在。[1]

(4) 个人破产制度的地区差异

关于美国制度的研究。有著作详细介绍了美国破产法如何在政治、经济、司法环境等诸多因素的影响下走到今天,又是如何反作用于上述环境,揭示了破产制度在各方利益集团博弈的合力下如何产生、变革,对了解美国破产法的制度发展与改革历程和未来的发展方向有相当大的助益。[2] 有著作介绍了联邦破产法的法律体系中关于个人破产制度的内容,[3] 探讨了商事破产案件和消费者破产案件中适用美国破产法遇到的一些基本法律问题。[4] 有著作介绍了近年来美国破产制度改革与开放的内容,如 2000 年及 2001 年的《破产法修正案》,2005 年的《破产滥用预防及消费者保护法案》等内容,实属如今研究美国破产法的权威著作。[5]

关于英国制度的研究。有著作介绍了英国破产法的立法现状及修订动向,给读者充分展现了英国破产法在修订过程中的主要争议、理论成果及实践,

---

[1] Douglas G Baird, Discharge, *Waiver, and the Behavioral Undercurrents of Debtor-Creditor Law*, 73 University of Chicago Law Review, 17-32 (2006).

[2] Skeel, *Debt's Dominion: A History of Bankruptcy Law in America*, Princeton University Press, 2001.

[3] David G. Epstein, *Bankruptcy and Related Law in a Nutshell*, 9th ed, West Academic Publishing, 2017.

[4] [美] 大卫·G. 爱泼斯:《美国破产法》,韩长印等译,中国政法大学出版社 2003 年版。

[5] [美] 查尔斯·J. 泰步:《美国破产法新论》,韩长印等译,中国政法大学出版社 2017 年版。

吸纳了与英国破产法相关的最新立法，包括1999年《福利改革和养老金法》、2000年《破产法》、2002年《企业法》等立法和大量的案例法，给破产法领域带来的变化，其中第三编介绍了个人破产程序。[①]

关于德国制度的研究。有著作对《德国破产法》进行了清晰而详尽的论述。首先，该书共十三个部分，涉及程序进程、立法改革和国际破产法等各个方面，内容翔实。其次包含了基本法、民法、民事诉讼法、强制执行法、银行法和社会保险法等法律领域。总体来看，概述资料翔实、内容新颖，附有大量的案例和图表以帮助理解。通过该著作，可以全面了解德国的破产法和最新的立法改革相关内容。[②]

关于日本制度的研究。有著作介绍了日本在倒产（破产）债务处理中的制度要点，如破产处理制度的必要性、日本破产处理制度的历史、企业破产ADR程序、消费者破产等，其中消费者破产章节的第四部分专门提到了复权（权利恢复）的问题。[③]

关于法域制度比较的研究。有学者比较分析了美国与欧洲的个人破产制度，认为自1979年以来，世界经历了一个重要的个人破产法改革周期，并详细分析了在2008年的大衰退（Great Recession）之后，国际金融机构如何更加关注家庭债务在加剧金融不稳定方面的重要性，以及欧盟有意统一个人破产法以应对欧元区危机及促进创业的考虑。[④] 有学者通过对哥伦比亚、意大利和爱尔兰个人破产立法的跟踪研究指出，世界各国立法者将继续在如何向过度负债的个人提供救济方面存在分歧，这种多样性总体上是健康的。理性的头脑可以而且将会在这一领域的最佳政策和执行这些政策的最佳方式上有所不同。应否认任何将世界立法"主流化"或在所有地区推行一刀切做法的愿望。[⑤]

---

① Fiona Tolmie, *Corporate and Personal Insolvency Law*, 2nd ed, Routledge Cavendish, 2017.
② ［德］乌尔里希·福尔斯特：《德国破产法》，张宇晖译，中国法制出版社2020年版。
③ ［日］山本和彦：《日本倒产处理法入门》（第4版），有斐阁2012年版。
④ Iain Ramsay, *Personal Insolvency in the 21st Century: A Comparative Analysis of the US and Europe*, Bloomsbury Collections, 2017.
⑤ Jason J. Kilborn, *Reflections of the World Bank's Report on the Treatment of the Insolvency of Natural Persons in the Newest Consumer Bankruptcy Laws: Colombia, Italy, Ireland*, 26 Pace International Law Review, 316-353 (2014).

(5) 个人破产制度的内在局限

有学者认为,许多研究者为破产免责或"再生"提供了理由,他们的理论可以解释一个社会为什么会向破产者提供债务减免,但他们没有解释为什么应该以破产免责的形式提供这种减免。虽然许多人认为破产和无力偿债是一样的,但事实并非如此。资不抵债意味着"无力偿还债务",现有证据表明,大多数资不抵债的消费者在没有申请破产的情况下违约。破产法之外的其他法律根本没有为债权人提供足够的补救措施来让这些消费者全额还款。如果能够证明消费者破产,从而证明他们需要债务减免,那么社会可以合理地向消费者提供更慷慨的破产救济。因此,关于消费者破产改革的辩论不应集中于破产是否应涉及经济手段测试,而应集中于经济手段测试应采取的形式。债权人或法院可以调查消费者是否有能力在债务到期时偿还债务,但美国破产法在其历史的大部分时间里基本上都回避了此类调查。相反,美国破产法在很大程度上采用了惩罚的形式来核实消费者无力偿还债务。在决定破产意味着需要测试消费者的方法时,人们必须认识到,非破产法也可以采用其中许多技术。破产法之外的调整债务人-债权人的立法可以作为对破产的有益补充,提供一个平行的债务减免制度,以缓解破产法中不可避免的一些空白。如果破产迫使消费者等待一段时间后才能获得后续免责,则非破产法可以帮助消费者承受进一步的不幸。如果利用破产法对消费者的还款能力进行调查,则成本会变得更高,那么非破产法可以为那些无力承担破产的人提供救济。[①]

2. 个人破产制度的演进趋势

(1) 从债权人保护到债务人再生

有研究指出,在过去数十年中,许多国家在个人破产领域经历了巨大的改革。总的来说,通过这些改革,许多过度负债和财政脆弱的个人得到财政救济。世界各地个人可获得的债务减免范围从根本不减免发展到基本上按需减免债务的制度。许多债务减免制度较保守的国家广泛修订破产法,大幅度放宽破产"再生"政策,普遍放弃将破产作为对违约债务人的惩罚机制,或作为债权人收款工具的做法。如英格兰、苏格兰、德国、奥地利、法国、以

---

① Richard M. Hynes, *Why Consumer Bankruptcy*, 56 Alabama Law Review, 121-178 (2004).

色列和芬兰等国家或地区都选择了一个更关注债务人"再生"机会的破产制度。①

有研究指出，消费者债务人的免责使债务人从现有债务的桎梏中解脱出来，并使其再次具备相应的经济能力——赚钱、消费和借款。免除债务是一项实质性的破产条款，它改变了非破产时的权利构造，改变了债务人及其以前债权人之间的法律关系，并迅速使债务人未来的全部或部分收入潜力（"人力资本"）免受其过去的财产义务的影响，给债务人一个"再生"的机会。所有寻求破产法保护的人在符合某些条件的情况下都可以被免除债务，除非某种债务属于特定的类型，否则所有的债务都可以被解除。②

有研究指出，破产法被视为现代商法体系最重要的改革，允许"再生"（Fresh Start）的个人破产法不仅降低了创业所涉及的个人风险，还可能导致债权人收取更高的利率。③ 个人破产法"再生"政策的重点应该是债务人保护的充分性，而不是这种保护的经济或政治影响。④

（2）个人破产制度与鼓励创业理念相契合

有研究认为，破产"再生"政策的全球差异，似乎是一个国家对创业的倾向性的产物。破产制度中债务减免的适用与政府希望促进创业的程度成正比。重视创业的国家都采用了更广泛的债务减免条款，以激励个人成为自营创业者。创业者比工薪族有更高的财务失败风险，破产重启政策提供了风险缓冲，以对抗更多财务脆弱性。但经济集中的国家或政府拥有企业的国家，对个人创业者的债务减免规定则不多。⑤

更宽容的破产法对创业活动有两个相互矛盾的影响。一方面，这可能会使创业更具吸引力，因为创业者在破产的情况下不会冒失去那么多财富和未

---

① Rafael Efrat, *Global Trends in Personal Bankruptcy*, 76 American Bankruptcy Law Journal, 81-109 (2002).

② Richard Flint, *Bankruptcy Policy Toward a Moral Justification for Financial Rehabilitation for the Consumer Debtor*, 48 Washington and Lee Law Review, 515 (1991).

③ Frank M. Fossen, *Personal Bankruptcy Law, Wealth, and Entrepreneurship-Evidence from the Introduction of a "Fresh Start" Policy*, 16 American Law and Economics Review, 269-312 (2014).

④ Richard Flint, *Bankruptcy Policy Toward a Moral Justification for Financial Rehabilitation for the Consumer Debtor*, 48 Washington and Lee Law Review, 515 (1991).

⑤ Rafael Efrat, *Global Trends in Personal Bankruptcy*, 76 American Bankruptcy Law Journal, 81-109 (2002).

来收入的风险。另一方面，风险转移到了贷款人身上，在债务人破产的情况下，贷款人收回的资金较少，他们可能会通过收取更高的利率作出反应。这可能会阻碍依赖资本的创业。因此更宽容的个人破产法的保险效应超过了利息效应，并鼓励较不富裕的个人积极参与创业。[1]

（3）趋同与差异并存

有研究指出，消费信贷的民主化，源于放松管制和改进的技术和信息，已使消费信贷量成倍增长，违约相应大幅增加，因此有必要对消费者的境况作出某种立法回应。虽然有一些证据表明存在一种全球趋同趋势，即对过度负债消费者的立法救济正在朝着一套共同的规范迈进。但差异仍然很大，而且可能应该持续下去。[2] 丹麦、斯洛伐克、波兰、奥地利、俄罗斯、克罗地亚和罗马尼亚最近的自由化改革表明，随着经验的积累，对破产滥用的恐惧似乎正在减弱。与此同时，来自刚刚开始制定个人破产和解除债务政策的国家（保加利亚、中国和沙特阿拉伯）的证据表明，担忧或至少是对解除债务救济的抵制显然持续存在。[3] 破产在全世界不同的国家不仅有不同的设计，在不同的地方被使用的程度也大不相同。例如，生活在美国、加拿大以及澳大利亚的人较之在新西兰、日本、英国以及以色列的人更容易申请破产救济。[4]

3. 关于破产债务免责制度的研究

有研究分析了美国破产债务免责制度的演进。该研究追溯了美国的债务免责是如何成为破产制度的核心部分的。从1542年英美破产法开始到20世纪初的破产免责的演变，在这个过程中现行的破产免责制度的基本形态已经形成。从总体上看，20世纪在债务免责方面进行的法律修改相对较少；大多数20世纪的法律在这个问题上更多的是修修补补的性质。这个过程表明，破产法从最初作为债权人的收款补救措施，到20世纪成为在美国生效的强大的

---

[1] Frank M. Fossen, *Personal Bankruptcy Law, Wealth, and Entrepreneurship-Evidence from the Introduction of a "Fresh Start" Policy*, 16 American Law and Economics Review, 269-312 (2014).

[2] Charles J. Tabb, *Lessons from the Globalization of Consumer Bankruptcy*, 30 Law and Social Inquiry, 763 (2010).

[3] Jason J. Kilborn, *The Rise and Fall of Fear of Abuse in Consumer Bankruptcy: Most Recent Comparative Evidence from Europe and Beyond*, 97 Texas Law Review, 1327-1342 (2018).

[4] Rafael Efrat, *Global Trends in Personal Bankruptcy*, 76 American Bankruptcy Law Journal, 81-109 (2002).

债务人救济制度，是一个非常缓慢和不平衡的演变。①

有研究分析破产债务免责制度的价值，提出债务免责是个人破产制度的核心。破产法院与其被视为一个债务清算所，不如被称为一个托收代理。它必须在对不负责任的债务人过于宽松和对那些在个人或商业交易中诚实而不幸的债务人过于严苛之间取得平衡。免除债务背后需要考虑的因素较多，法院在考虑破产人申请时，不局限于破产人和债权人的利益问题，还必须把公众的利益纳入考虑范围。个人破产法的目的是公平地分配债务人的资产，并允许他恢复为一个公民，不受过去债务的约束。然而，免除债务不是一个权利问题，在某些情况下，债务人应接受一段时间的缓刑。只有在债务人的行为特别应受谴责的情况下，或在极端的情况下，才应采取绝对拒绝给予其免除措施。②

有研究分析了破产债务免责的法律性质，指出破产债务免责不是一个单纯的权利。破产法有激烈竞争的原则，一个主要的原则是债务人的"再生"；另一个原则是免除债务是有选择地赋予的特权，而不是无限制的权利。后者部分体现在破产法对免除债务的例外规定中。③

有研究分析了破产免责的法律效果，讨论了破产免责和违反免责禁令的危险性。每个申请破产的个人债务人的首要目标是获得免责。一旦获得免责，债务人就可以从免责令所包含的任何债务中解脱出来。伴随着破产免责的是一项禁令，它可以防止债权人追究已被免除的债务。然而，有时拥有自动计费系统的贷款人没能调整系统上的计费，以终止对已免责债务的开票和收款尝试。但这可能带来代价高昂的教训，因为法院认为，这种违规行为会使债权人及其律师收到藐视法庭的传票和财产制裁。④ 有研究指出，破产债务人免责并不意味着也免除了其他相关人的责任。有学者探讨了美国破产法下，一

---

① Charles Jordan Tabb, *Historical Evolution of the Bankruptcy Discharge*, 65 American Bankruptcy Law Journal, 325-372 (1991).

② Edouard Martel, *The Debtor's Discharge From Bankruptcy*, 17 McGill Law Journal, 718-739 (1971).

③ Jonathon S. Byington, *Fiduciary Capacity and the Bankruptcy Discharge*, 24 American Bankruptcy Institute Law Review, 1-46 (2016).

④ Michael J. Lichtenstein, *Violating a Debtor's Discharge Injunction: Lenders Beware*, 132 Banking Law Journal, 488-493 (2015).

个人在进入破产程序并被免除债务后，是否能够对其提起诉讼？一般的规则是，一旦债务人获得破产免责，破产法就会保护债务人不受债权人的追讨活动的影响，使其有一个新的开始。在破产债务人获得破产解除后，根据《美国破产法》第362条生效的自动中止禁令被第524条免责禁令所取代。然而，第524条免责禁令并不影响任何非债务人对破产前债务的责任的可执行性。《美国破产法》第524（e）条允许债权人向可能代表债务人承担责任的"任何其他实体"追偿。换句话说，免除债务的禁令只禁止向债务人个人追偿的行为。免除债务人个人责任与债务本身是有区别的。债务仍然存在，可以向任何可能负有责任的其他实体追讨，包括保险人。因此，美国法院几乎一致认为，免除债务的禁令并不禁止债权人在名义上对抗债务人，要求法院确定责任，以此作为对债务人的保险人提起诉讼的前提条件。[①]

有研究分析了破产免责后的影响，并指出应当在立法中禁止歧视依法免责后的债务人。《美国破产法》第525条规定，任何政府机构均不得仅因为债务人的破产而在许可、批准、特许设立、特许经营或其他类似的授权、雇佣以及学生贷款等方面对其进行歧视。尽管该条款因涵盖范围过小、破产与遭到歧视事实的因果关系难以认定等原因在适用上颇受争议，[②] 但其体现出的对债务人破产后权益的实质性保护是与破产免责的本质目标相一致的。在我国个人破产免责制度的建构过程中，应当加入有关对债务人破产后歧视禁止的条款，将债权人、政府以及涉及债务人生产经营的其他主体纳入规制的范围。具体而言，应当禁止债权人损害破产免责债务人的人格权与生命健康权；应当禁止对已经免责的债务进行任何方式的索要与追偿，但免责裁定被撤销的除外；应当禁止政府仅因破产事由而剥夺或影响债务人取得行政许可、执照颁发或其他相类似的行政授权；其他社会主体不得仅因破产事由而侵犯债务人的劳动权、受教育权等基本权利。另应当规定兜底性条款，以便于调整歧视禁止的情形范围，进而为债务人的顺利复权提供保障。有学者在对南非个人破产制度进行分析时指出，南非法律目前实施的破产限制显然不是为了惩

[①] Susan N. K. Gummow and John M. Wunderlich, *Suing the Debtor: Examining Post-Discharge Suits against the Debtor*, 83 American Bankruptcy Law Journal, 495-530 (2009).

[②] ［美］查尔斯·J. 泰步：《美国破产法新论》，韩长印等译，中国政法大学出版社2017年版，第1111-1114页。

罚有偿债能力的人，而是为了保护公众的利益。然而，我们今天的法律强加的大量破产限制无疑表明，一个无法恢复的破产者仍然被污蔑为不诚实、不负责任和不值得信任的人。这一观点与通过尽量减少或消除与破产有关的污名的国际趋势背道而驰。①

4. 关于失权制度的研究

有学者强调失权制度体现了个人破产制度的对价功能。根据破产法的规定，破产人必须交出其所有非豁免资产，破产法和其他立法有一系列限制职权和取消资格的规定，限制了未恢复原状的破产人签订合同、进行诉讼，以及谋生和任职的权利。这些限制基本上是获得债务清偿和恢复后重新开始之机会的交易对价。②

5. 关于复权制度的研究

有学者指出，复权制度的核心正当性基础是自然法的道德理论。债权人和债务人在破产过程中的利益是不同的，一般来说是相互不一致的。此外，破产导致所有消费者的信贷成本增加，以及与破产有关的社会成本增加，整个社会在破产过程中具有既得利益。因此，个人破产中最基本的问题是对消费者债务人进行财务复权的核心理由是什么？对这个问题的回答涉及我们目前消费者破产程序的核心。因为如果对这个程序没有核心理解，从逻辑上讲，就不可能评估通过立法实施该政策所获得的目标是否合理。未能分离和确定消费者财产复权的核心理由是法律学术的一个严重缺陷。有研究指出，破产法的债务人经济复权条款的核心理由是建立在自然法的道德理论之上的。对破产立法历史的回顾证实了债务人救济的这一道德理由，包括社会正义、分配正义和交换正义的属性，作为对经济困难者的人道主义帮助而和谐存在。③

有学者强调了复权制度的功能，并指出《美国破产法》中大约有一半的

---

① Melanie Roestoff, *Insolvency Restrictions, Disabilities and Disqualifications in South African Consumer Insolvency Law: A Legal Comparative Perspective*, 81 Journal of Contemporary Roman-Dutch Law, 393-417 (2018).

② Melanie Roestoff, *Insolvency Restrictions, Disabilities and Disqualifications in South African Consumer Insolvency Law: A Legal Comparative Perspective*, 81 Journal of Contemporary Roman-Dutch Law, 393-417 (2018).

③ Richard Flint, *Bankruptcy Policy Toward a Moral Justification for Financial Rehabilitation for the Consumer Debtor*, 48 Washington and Lee Law Review, 515 (1991).

内容与财务困难者的复权而不是"埋葬"有关(埋葬意指否认债务人的身份)。《美国破产法》第77条以及第10、11、12和13章体现出针对不同类型的"病人"和"疾病"的不同类型的拯救方法。不同方法之间的差异很大而且都很重要。总的来说,破产法下的复权程序为债务人提供了两个在其他地方无法有效获得的突出好处:①立即从那些可能将债务人破坏得无法修复的力量中解脱出来,同时规定在评估和进行挽救工作时保持其运作;②在同一法律框架中,不同意的债权人和其他各方可以受到其大多数同行的想法的约束,或以其他方式防止对债务人的事务进行严重的破坏。[1]

有研究在探讨是否应当将自动免责和复权引入新加坡的破产立法时指出,尽管新加坡的破产数量和趋势令人担忧,但诉诸自动免除的做法不应列入立法议程,因为它有可能使情况恶化。同样地,尽管破产改革在鼓励创业方面的成功只是中性的,但试图通过在两级计划(区分企业破产者和消费破产者)下引入自动免除来解决这个问题也有其潜在的缺陷。发扬创业精神并不完全取决于破产法的自由化。其他重要的措施也必须实施。[2]

(二)域内相关研究现状

域内关于个人破产立法问题的探讨起步较晚,近些年随着立法必要性的不断增加才引起较多关注,产生了一批极富价值的研究成果。不过,就个人破产复权制度而言,大多是在研究个人破产立法时稍微提及,专门化、系统性研究较为鲜见。总体上可以将域内的相关研究归纳为以下三个方面:

1. 个人破产制度的理论基础逐渐夯实,现实必要性渐成共识

(1)个人破产制度体现了保障人权的内涵

如江平教授早在1997年就撰文指出,破产债务人的重生权属于发展权的一种,属于基本人权。该文观点奠定了我国个人破产复权制度是基于人权保障需要的基调。[3] 随后有学者综合阐述了个人破产制度建构过程中应将"债务

---

[1] Paul F Festersen, *Equitable Powers in Bankruptcy Rehabilitation: Protection of the Debtor and the Doomsday Principle*, 46 American Bankruptcy Law Journal, 311-348 (1972).

[2] Aaron Kok, *Automatic Discharge: The Panacea to Our Bankruptcy Woes*, 24 Singapore Law Review 204, 204-212 (2004).

[3] 江平、江帆:《论商自然人的破产能力》,载《现代法学》1997年第4期。

救济"、"保障债权人利益"以及"市场需求"等作为制度设计的理论基础,明确个人破产复权制度需要面对的法理问题。①

(2) 个人破产制度体现了失权与复权统一

有研究指出,除破产犯罪的惩罚机制外,在破产惩戒中,最有意义的就是破产人的失权制度。所谓破产失权,即破产失格,1865 年《巴西民法典草案》称其为"失能"制度,② 债务人或准债务人被宣告破产清算后,丧失从事公务类、经营类和信誉类职业的资格。自然人与商业组织相比较,破产后果区别较大,组织体破产不存在人格破产问题。而自然人则在某些权利和活动范围上要受到制约。③ 有研究指出,个人破产中的个人无论对外欠多少钱,都可以享有豁免权,允许个人破产人将其部分金融资产和未来收益部分或全部保留。当债务人的财富较少或收入较低,并申请破产时,会通过失权和复权来达到这一目的。④ 有研究指出,个人破产制度中,复权则是在失权的基础上,债务人满足条件时权利的恢复。二者具体内容的确定,要以破产能力与破产原因为标尺,要与个人破产准入规制相一致。⑤

2. 个人破产复权制度受到重视,并逐步推进到具体制度设计领域

经过学者们的研究,明确了在个人破产制度中设计复权制度的价值取向、内涵和基本原则,其制度设计的目的是保障债务人的人权,为具体制度的设计初步指明了方向。例如,王利明教授指出,自然人复权的行为能力必须与法条中规定的实施某种具体的法律行为所具有的资格相区别开。该论述中引入了英国和法国的部分复权理论,并进行了复权制度具体问题的探讨。⑥ 赵万一教授也指出,破产人不能终身失权,否则有失人道主义精神,亦不利于破产人重新振作和积极偿还债务,其在文章中指明了个人破产复权制度的研究

---

① 汪世虎、李刚:《自然破产能力研究》,载《现代法学》1999 年第 6 期。
② 张伟:《民事失权制度的理论基础探析》,载《山东理工大学学报(社会科学版)》2020 年第 1 期。
③ 张军:《论个人信用与自然人破产立法制度的构建》,载《武汉大学学报(哲学社会科学版)》2009 年第 4 期。
④ 易有禄、万文博:《个人破产的法经济学分析》,载《江西财经大学学报》2019 年第 5 期。
⑤ 赵吟:《个人破产准入规制的中国路径》,载《政治与法律》2020 年第 6 期。
⑥ 王利明:《破产立法中的若干疑难问题探讨》,载《法学》2005 年第 3 期。

方向，并从纯粹的理论讨论推进到期限、程序等具体制度设计之中。① 有学者指出复权制度作为个人破产制度不可分割的组成部分，个人破产使自然人的权利被剥夺或限制，但不可能无限期延续，所以，设立复权制度十分必要。② 复权制度的意义在于将破产人的还债行为囿于法律监督之下，同时使破产人缺失的权利得以恢复，回归市场经济社会，开创新的事业。③

关于复权制度的内涵，学者从不同的维度进行界定，从时间维度上予以界定的学者认为，复权制度是在破产程序终结后，破产人在一段时间内破产人身份予以解除，使其在人身、行为上的限制得以消除，进而重新获得相应的法律地位的一种制度。④ 也有学者从程序和时间两个维度来界定复权，认为所谓复权制度是指对已按照要求完成清偿计划、履行完毕和解协议或虽未在考察期内偿还全部债务但失权已达一定期限的破产人，对其公民权利和任职资格的限制予以恢复或解除。⑤

3. 个人破产失权与复权制度的具体制度设计与模式选择仍存分歧

（1）关于失权制度的程序设计

关于我国个人破产立法的失权制度的程序设计应当采取何种模式，学者们的观点并不一致。有学者认为，我国个人破产的失权制度的程序设计应当采取当然主义，当破产个人的破产程序终结后，由法院颁布相关破产名单，开始实行对其相关权利和资格的限制。⑥ 也有学者认为适宜采用裁判形成主义的失权立法模式，因为我国破产惩戒机制尚处于初级阶段，失权制度有利于推动个人破产制度实施，提高破产惩戒的社会效果。从保护破产自然人的角度来看，为了让善良却不幸陷入债务危机的债务人重新回归社会，裁判形成主义的优势更为明显。⑦ 个人破产制度帮助其债务人摆脱债务危机实现重生是

---

① 赵万一、高达：《论我国个人破产制度的构建》，载《法商研究》2014年第3期。
② 叶甲生：《理想与现实：重思自然人之破产能力》，载《江淮论坛》2008年第5期。
③ 沙洵：《建立我国个人破产制度的若干思考》，载《华东政法学院学报》2005年第2期。
④ 沙洵：《建立我国个人破产制度的若干思考》，载《华东政法学院学报》2005年第2期。
⑤ 李飞：《我国个人破产制度构建的理论展开——以〈深圳经济特区个人破产条例〉为参照》，载《投资研究》2021年第3期。
⑥ 沈芳君：《个人债务集中清理司法探索与个人破产立法设想——以浙江省为主要视角》，载《法治研究》2021年第6期。
⑦ 杨显滨、陈凤润：《个人破产制度的中国式建构》，载《南京社会科学》2017年第4期。

根本目的，裁判形成主义相较于当然形成主义更为谨慎，对于保护"善良而不幸"的破产自然人也更具有意义。①

（2）关于复权制度的模式选择

第一种观点是支持"当然复权模式"。有学者提出"破产债务人符合复权条件后，无须向法院提出申请，亦无须法院的许可，便自动当然恢复被限制的资格与权利"。② 不过，当然复权制度需要与公民信用体系的建立联系起来，在目前中国的具体国情之下，如果单纯采用该制度模式容易导致被某些恶意破产人所利用，达不到保护"诚实而不幸"的破产人的目的，所以近年来已经逐渐不作为主流的观点。

第二种观点是支持"许可复权模式"或"申请复权模式"。有学者认为，我国个人破产立法应当采用申请复权制度，以强化对破产人的失权约束及威慑效果。③ 复权设计要结合期限和程序进行控制，即通过必要年限的失权后，破产人可进行复权的程序。为防止债务人恶性逃债，申请复权更为适宜。④ 我国人格破产的复权采取申请复权为宜，破产人一定期限届满，向法院提出申请，解除破产限制。这样更加安全与审慎，也彰显了法院破产裁决的严肃性与权威性。⑤ 申请许可复权制度的建立必须有赖于详尽的破产复权实体要件和程序要件的构建，并限制法官的自由裁量权。但是，如果要达成上述的条件，则破产自然人的申请程序必定复杂，同时会造成较大的司法压力，影响到人格破产复权制度的效率。

第三种观点是主张的"混合复权模式"。多数学者认为，我国部分公民法律水平有限，不宜采用当然主义的复权制度。许可免责法定的程序缺失，法官自由裁量权大，难保复权的合理性与合法性，单独采用与现有司法现状不契合。混合复权模式结合法定的程序条件再结合法官严格的审查监督，加大

---

① 李晓燕、鹿思原：《论我国个人破产制度的构建》，载《山西大学学报（哲学社会科学版）》2020年第2期。

② 陈萍：《浅议建立我国自然人破产制度的必要性和现实性》，载《当代法学论坛》2010年第3期。

③ 汤维建：《制定我国〈个人破产法〉的利弊分析及立法对策》，载《甘肃政法大学学报》2021年第6期。

④ 张阳：《个人破产何以可能：溯源、证立与展望》，载《税务与经济》2019年第4期。

⑤ 张军：《论个人信用与自然人破产立法制度的构建》，载《武汉大学学报（哲学社会科学版）》2009年第4期。

对破产人的审查力度，有助于防止破产人恶意逃债，也可以使法官的自由裁量空间得以压缩，我国应当吸收和采纳。① 有学者认为，我国个人破产复权制度宜采用当然复权制度和申请复权制度相结合的原则，② 也就是所谓混合复权模式。对失权期限届满的破产人适用当然复权模式，对以已清偿所有债务或履行完毕和解协议为由，申请复权的破产人适用申请复权模式，这样既大大节约司法资源，有效保证破产人及时复权，同时法官的严格审查还可以防止破产人的恶意逃债。③ 另有学者认为，长期来看，我国应采取混合主义，但近期内仍应采取许可复权主义。④

（3）关于复权的期限设置

复权期限不宜过短，否则就难以发挥惩戒警示的作用，但也不宜设置过长，否则就不符合个人破产制度的立法价值，不利于破产人的重生。学者们对具体期限设定观点不一，有学者认为可以参考其他国家的规定，从3年到5年不等；⑤ 有学者认为应以3年为宜；⑥ 有学者认为设定为5年；⑦ 也有学者认为将我国个人破产立法中的复权期限设定为6年比较适宜。⑧ 另有学者主张根据两大因素的不同情况予以确定：一是有无重大过失或故意行为。如果破产人有此行为，可以设定为10年，否则可以规定为5年。二是偿债比例。破产人偿债比例低，复权的年限可设定得较长。反之，复权的年限可设定得较短。⑨

---

① 杨显滨、陈风润：《个人破产制度的中国式建构》，载《南京社会科学》2017年第4期。
② 沙洵：《建立我国个人破产制度的若干思考》，载《华东政法学院学报》2005年第2期。
③ 李飞：《我国个人破产制度构建的理论展开——以〈深圳经济特区个人破产条例〉为参照》，载《投资研究》2021年第3期；李晓燕、鹿思原：《论我国个人破产制度的构建》，载《山西大学学报（哲学社会科学版）》2020年第2期。
④ 叶甲生：《理想与现实：重思自然人之破产能力》，载《江淮论坛》2008年第5期。
⑤ 沙洵：《建立我国个人破产制度的若干思考》，载《华东政法学院学报》2005年第2期。
⑥ 李晓燕、鹿思原：《论我国个人破产制度的构建》，载《山西大学学报（哲学社会科学版）》2020年第2期。
⑦ 张军：《论个人信用与自然人破产立法制度的构建》，载《武汉大学学报（哲学社会科学版）》2009年第4期。
⑧ 李飞：《我国个人破产制度构建的理论展开——以〈深圳经济特区个人破产条例〉为参照》，载《投资研究》2021年第3期。
⑨ 叶甲生：《理想与现实：重思自然人之破产能力》，载《江淮论坛》2008年第5期。

(三) 现有研究的启示与未来研究的方向

域内外学者的研究成果,为在中国法治环境下实验个人破产复权制度的改革提供了参考,有利于我们深析《深圳经济特区个人破产条例》,发现其优劣;有助于我们研析域外个人破产复权制度,鉴别性吸纳。总之,对本主题研究有极大的启发和指导作用。

①个人破产立法的必要性已成共识,具体立法进程与规则设计存在差异。世界范围破产法制度演进的历史表明,对个人的破产保护既符合人道主义的道德观念,也是社会经济发展的内在需求。中国各界对于个人破产法的价值与需求的认识也渐趋一致。但具体到特定法域而言,何时推出个人破产法以及如何设计相应规则,则需结合本地区情况来确定。

②免责、失权与复权是个人破产制度的核心架构,应当进行整体协调设计。个人破产制度的核心功能不是债权人的债权实现,而是债务人的破后"再生"。免责、失权与复权是促进和实现破产债务人"再生"的重要环节,也是中国个人破产立法成功的关键内容。

③复权制度是既有研究的薄弱环节,理论基础有待进一步深化。域内外学者们有非常深入的研究,特别是域外学者在介绍本国破产制度的学术著作中基本涉及了个人破产复权制度的介绍。但总体上看,域外个人破产法的基础理论形成时间较早,不太契合今天的社会经济情境。域内的相关研究大多是近年来才刚刚开始,诸多理论问题都需要深入探究。

④复权制度的具体设计需要针对本土问题,结合本国情况和需求来考量。域外的理论积淀与立法经验具有重要参考价值,比如日本由于和我国地缘接近,法系也有一定的相似性,在个人复权的设计上可兹我国借鉴。但从各国立法来看,关于失权的具体设计差异较大,复权的程序性设计也不一而同,需要结合本土情况,进行深入的分析和妥当的制度设计。

四、研究方法

(一) 历史溯源与法域比较相结合

历史溯源是追溯个人破产制度的历史源起,寻找其中可能蕴含的复权制度基因,以此表明尽管人类社会发展的不同历史阶段在社会情境、经济状况、价值观念等方面存在巨大差异,但依然可以寻找到人文关怀的共同考量和制度发展的历史延续。本书还要通过破产制度相关中国法制史研究,选取有代表性的朝代法律制度进行点评,了解现代破产复权制度建构中的注意事项。法域比较是对比各个国家和地区的个人破产复权制度的历史发展,对其中的关键制度设计进行解析,以此发现制度设计的共性与个性,为本土化的制度建构提供启发和借鉴。

(二)社会分析与经济分析相结合

由于破产复权制度需要在维护债权人利益,保护债务人基本权益以及兼顾社会经济利益方面求得利益平衡,因此本书将采用社会分析与经济分析相结合的研究方法。

立足于中国具体国情进行社会分析,以解决实践中存在的债权债务纠纷多、执行难、债务人难以获得重新开始的机会等现实痛点问题,预判中国民众对于个人破产复权制度的认知和接受程度,寻找法律制度层面应然的解决路径与方向,着重设计个人破产复权制度的中国方案,获得更好的社会效果。

尝试引入法经济学的"成本-收益"最大化方法进行分析,主要使用经济学的理论和方法阐释破产复权的问题,分析个人破产复权制度的运作所产生的经济影响和社会效益,从而推导出个人破产复权制度的社会价值。在法经济学分析方法的指导下探索个人破产复权制度如何实现债务人和债权人双方效益的最大化。

(三)文献研究与实证研究相结合

文献研究是在编写过程之中,通过查询相关法律法规、著作、期刊文章和网络文献了解世界各国和地区对于破产复权法律制度的规定,以及学者对于破产复权制度的相关研究成果,并在充分掌握文献资料的基础上,开展研究工作。

实证研究主要通过两种具体方式:

一是案例研究法。目前在深圳已经颁布并实施了《深圳经济特区个人破产条例》,作为我国首部地方试点的个人破产法规,条例提供了破产清算、重整与和解三种程序，供不同情况的债务人适用。根据网上的案件公示信息，截至 2021 年 9 月 30 日，深圳市中级人民法院共收到个人破产申请 755 件。2021 年 7 月深圳诞生个人破产重整的首案；10 月，深圳破产和解首案办结；11 月，深圳市中级人民法院裁定债务人呼某破产，进入为期 3 年的考察期。翔实的破产案例有助于本书研究破产复权制度的实务操作，并分析法律效果。

二是问卷调查法。本书设计了调查问卷，并针对相关社会公众调查对于个人破产复权的认知度和接受度并进行分析。根据问卷数据分析出社会公众对个人破产复权的认知度和接受度低。由于企业经营者和企业人格高度混同，债权人对企业经营者天然充满着不信任感，无法区分"不幸债务人"和"老赖"。债权人对债务人未受到"惩罚"的不认同，并由于目前个人信用制度不完善对债务人逃避债务极为忧虑。本书基于问卷调查的分析结果提出合理的建议。

五、主要研究思路及创新点

（一）研究思路

本书研究的主题是讨论个人破产复权法律制度的建构问题，主要进行实证的研究。首先，本书整理了个人破产复权制度在域外的几种历史起源学说及破产复权制度在大陆法系及英美法系国家和地区呈现的发展形势，并梳理了中国古代到近代破产制度发展沿革，剖析了中国破产复权制度传统法律观念及其对现代个人破产复权制度的影响。其次，本书从实证入手，讨论了破产复权制度在新中国的实施情况，包括中华人民共和国成立后的立法情况和替代制度，以及《深圳经济特区个人破产条例》的相关破产复权规定及试点实施后的相关案例。基于对社会大众问卷调查的结果归纳其在实践中引发的争议，找出破产复权制度存在的实践障碍。再次，本书通过讨论消费与创业的风险偏好、信息技术运用、社会保障状况、法治建设推进等，分析了我国建构个人破产复权制度的社会情境。并用法经济学的方法分析个人破产复权对债务人、债权人以及整个社会的效用。讨论从个人破产复权制度债权人保护到债务人再生的理论进步，成本收益理论的法律适用，以及尊重人权的法治文明精神，概括出尊重人权与公平公正相结合、践行法治与利益平衡相结

引言

合、借鉴吸收与本土特色相结合的个人复权制度建构理念。最后，本书从实证的角度对个人破产复权的实现路径提出了完善的意见，包括个人破产复权制度的立法模式、实体内容、程序内容以及对接机制。

因此，本书主要的研究思路是理论研究与实证探究相结合，按发现问题、分析问题、解决问题的逻辑展开。对《深圳经济特区个人破产条例》中破产复权制度进行条分缕析，参考深圳实证案例进行研究，借鉴国外相关个人破产复权制度研究成果，具体法律移植与结合中国国情及法文化传统，收集整理国内外学者相关的研究构想、框架和程序方法，最终形成《深圳经济特区个人破产条例》中个人破产复权制度的完善构思。

(二) 研究创新点

本书基于法学学科并兼顾法经济学、管理学的基础理论，综合采用了文献研究法、比较研究法、案例研究法、问卷调查法、法经济学研究法等多种研究方法，搜集了大量的文献资料和案例材料并进行分析。从个人破产复权制度的理论、历史和实践三个维度构架本书框架。主要创新之处体现在以下几个方面：

第一，将利益平衡原则引入个人破产复权制度的制度设计之中，不但关注到债权人与债务人经济利益的平衡，而且关注经济性利益与人权冲突的平衡，并将其作为价值取向和基本原则完善个人复权制度的实体要件及程序要件。

第二，探索并梳理了破产复权制度在中国以及其他国家和地区的演变规律。本书聚焦于个人破产复权制度的研究并梳理了历史脉络特征，不但对其起源的三种域外学说和中国历朝历代债法中涉及破产内容的史料进行了整理，并按历史脉络阐述了近代破产理论的发展和现今各个国家和地区的破产法立法和实践情况，对各阶段的破产复权制度的特点做了系统性阐述。

第三，对未来个人破产复权制度的建构和实践提出了创新而有针对性的策略建议。本书对2021年3月才开始实施的《深圳经济特区个人破产条例》中涉及个人破产复权的条文进行了整理和评析，并对破产重整、破产和解和破产清算三种破产程序下的复权条件和路径进行研究，探寻建构的内在规律，以及个人破产复权制度的建构和运行方案。对个人破产复权制度建构的体系、复权的主体、复权的模式、破产复权程序执行上的程序对接等方面提出了创新观点。如以前研究者较为笼统研究的混合复权制度，笔者根据破产程序的不同进行了详细区分，提出了在破产清算和破产和解情况下适用许可复权制度，在破产重整程序中适用当然复权制度等观点。

第四，基于问卷调查和比较研究方法提出具有中国本土特色的创新性制度体系建构。通过问卷调查方式发现社会对个人破产复权的认知接受度明显不足，包括社会公众对个人破产复权的认知度不高，接受度不足。社会舆论对"老赖"与"不幸债务人"的认知混淆，债权人对债务人未受到"惩罚"的不认同以及个人信用制度不完善引发的逃避债务忧虑等。充分借鉴其他国家和地区既有的个人复权理论和实践成果，立足中国语境，考虑中国传统文化和道德理念以及中国现实的基础和需求，尝试提出中国个人破产复权制度的立法模式、具体制度设计、配套制度的完善等创新性观点。

第一章

个人破产复权制度的历史溯源与发展概况

第一节 个人破产复权制度的源起与演进

一、《汉谟拉比法典》中的债务奴隶恢复自由

在奴隶社会初期,基于社会生产力的提高,经济变得非常繁荣,但伴随着经济繁荣而来的则是贫富不均和私有财产制。甚至巨大的经济差异使得市民中还出现了高利贷的情况,在举债高利贷之后,某些债务负担者在逾期不能清偿之时,将从自由民成为奴隶,甚至其妻子儿女也可能与人为奴。这种情况激化了社会矛盾。因此在苏美尔城邦的末期,乌鲁卡基那推翻了卢伽尔安达的统治,在执政期间进行了世界历史上已知最早的一次社会改革,而这次改革就已经明确禁止以人身作为债务抵押,释放因债务而被奴役或遭拘禁的平民。改革有效地缓和了社会矛盾,减轻了平民的负担。尽管乌鲁卡基那的改革最终告失败,但为了适应这个时期奴隶制经济和商品货币关系的迅猛发展,古巴比伦尼亚时期的诸多城邦制定了许多旨在维护奴隶主阶级私有制的法典。个人破产制度正是在这个时期,伴随着奴隶制城邦的飞速发展而产生的。

巴比伦第一王朝第六代国王汉谟拉比集以往法典之大成,制定了《汉谟拉比法典》,用于统一法律,调整新的经济关系,稳定社会秩序。有学者认为,巴比伦王朝时期《汉谟拉比法典》第117条的规定涉及个人破产制度的内容,并可作为个人破产复权制度的发端。该条规定,如果自由民欠债,就卖掉妻子、儿女来进行还债或者把他们交给债权人作为奴隶,他们将服役三

年直到第四年才可以恢复自由民的身份。① 债务奴隶，即当劳动者无力偿还借贷的情况之下，被迫成为债权人奴隶的一种制度。法规严格限制了无限期奴役债务奴隶的情况。债务人只需要提供三年的劳役，即可复权（恢复人身自由权利），免除其余的责任。并且还规定"债务奴隶在高利贷者家不得被随意殴打、虐待，更不能被杀害，否则，高利贷者将受到相应的惩罚"。

总体而言，研究《汉谟拉比法典》第117条是否个人破产复权制度的发端需要进行全面分析。个人破产制度对债权人而言，主要在于在多个债权人之间集中而公平地清偿债务以及进行债务的重整；而对债务人而言，其主要目的甚至是唯一的目的即取得债务豁免并恢复权利。《汉谟拉比法典》117条的规定，明确适用前提是"无力偿还借贷"，虽然并不根据债务的多寡而产生不同的适用，对债权人方面也没有建构相应清偿及重整制度，但确实以立法的形式将债务人必须承担的考察期义务（三年劳役）以及复权（恢复自由且免除剩余债务）进行了规定。该制度对债务人通过考察期后恢复人身自由权利和债务免除的设计是明确的，可以定义为个人破产复权制度的滥觞。

二、《十二铜表法》中类似失权的破廉耻制度

公元前449年，罗马共和国时期的贵族阶层成立了十人委员会制定和公布了成文法，因成文法刻在十二块铜牌上又得名《十二铜表法》。在古罗马法中，债与人身关系密不可分，债务人本身成为了债的担保。因此，对于债的违约责任包括对人身执行和对财产执行两个层面。在较长时期内，债务执行主要都是以对人身执行为主。对不履行债务者，债权人可以拘押之。除拘押外还有对财产的扣押程序，即在审判程序之外，对不履行债务的债务人财产进行扣押，类似现代民事诉讼程序中的财产保全措施。

我们可以清晰地看到古罗马法中对待不能偿还到期款项的债务人采取的措施是逐步变化的，并且逐步体现出文明的进步。最早是严格维护残酷的债务奴隶制，债务人被债权人收为奴隶，完全处置其人身"使役之、出卖之、杀戮之"。在《十二铜表法》第三表中规定，债权人拘禁债务人六十日，不负提供饮食的责任，在此期间债务人仍然无法与债权人和解或者无法寻求他人

---

① 《外国法制史》编写组：《外国法制史资料选编》（上册），北京大学出版社1982年版。

第一章　个人破产复权制度的历史溯源与发展概况

代为清偿及保证。对于这类债务人，债权人有权将其处死，有的则将债务人卖到遥远的外地，更为可怕的是，如果多个债权人拥有同一债务人，债务人可能被尸解后分给不同的债权人。不过从史实中并没有确凿的记载证明分尸这种严酷的法律在现实中适用，一般认为这项规定主要是以成文法明确残酷的肉刑，给债务人及利害相关人以威慑，促使债务得到清偿。之后是转变为对债务人的人身进行监禁，在债务的监禁常态化而最终消失之后，到了古罗马法的程式诉讼和非常诉讼时期，已经出现了类似债务人破产失权的制度，即破廉耻（infamia）。这种变化体现出古罗马法律具有了保护人身权利的人文精神。

破廉耻和古罗马法中的市民荣誉（existimatio）有密切的联系。市民荣誉（existimatio）是指市民有无可指摘的名誉，或人格无缺陷。享有市民名誉（civil reputation）表示享有罗马公民的最高地位，从而完满地享有应当享有的所有公民权利，包括政治权、军事权等诸多相关权利。"令名的概念中存在一种所有的市民所应当共同遵守的道德标准。因此令名的变动，或者我们可以称之为破廉耻，即是基于道德层面上的特殊的资格丧失。一种最容易的分类方式即是将它们分成两个主要的类别：其一，主要涉及公法权利的资格丧失；其二，主要涉及用以践行私权利必要程序的能力丧失。实际上这也是丧失该种私权利本身，丧失行政权利的程序的能力，实际上就是丧失了践行此程序相关的私权利的可能"。[①] 在《尤里亚市政法》中就有法条规定监察官员依据公民破产作为理由来施加破廉耻的名誉减等。破廉耻虽然不是人格减等（capitis deminutio），会直接导致自由权、市民权、家族权三项权利中的一项或者几项发生变化，但同样会导致市民权中一些资格或权利的丧失，如丧失选举权和被选举权，丧失服兵役的权利，一定的诉讼权也受限。因此，古罗马法就通过破廉耻制度为受限的债务人登载官方记录或进行宣告，以一种社会信用体系的方式强化了民众的债务责任意识。同样，债务人可以提前放弃其财产以避免被私人逮捕，以保证其自由并免于破廉耻。

由于学者对《汉谟拉比法典》第117条的理解不尽相同，也有学者认为《十二铜表法》中关于债务的偿还法规才体现了个人破产复权制度的产生和演

[①] A. H. J. Greenige, *Infamia: Its Place In Roman Public and Private Law*, Clarendom Press, 1894, p.8.

变。古罗马法中对于债务人实施权利限制的相关法律规定了个人破产复权制度，对于破产复权制度及社会信用体系的建立都有一定的借鉴意义。从直接处置债务人的人身到转化为对债务人监禁，再到限制资格权利的破廉耻制度，也体现了重视人权，法律逐渐文明化的进步。

三、中世纪商事习惯法中的剥夺经营资格

对于破产制度的起源，学界还有一种看法，认为源自中世纪的商事习惯。随着西罗马帝国于公元476年被北方的哥特人所灭，古罗马法的影响力逐渐减退，也无力应付更为错综复杂的商品经济关系，但仍然对西方国家的立法产生了巨大的影响，在个人破产制度上更是如此。意大利的商人习惯法继受了古罗马法的概念术语，并运用其权利义务的观念，吸收"善意、诚信、公平"的教会法观念。当时的商人是以自然人身份从事商事活动，商人破产就是指个人破产。作为破产术语的bankruptcy也起源于此，通说认为，其词源来自意大利语Banca Rotta。Banca是指中世纪时期地中海沿岸集市中商人用于销售商品或交易货币的长椅，长椅即固定摊位，Rotta的意思是破碎、断裂。如果在经营过程中，债务人一方难以支付到期的债务，债权人有权砸烂其固定的长椅摊位，以向社会公众宣告债务人已经经营失败，陷入破产的境地，剥夺其经营资格，类似于失权的制度。

1244年实施的《威尼斯条例》、1341年实施的《米兰条例》和1415年实施的《佛罗伦萨条例》中都有关于破产的内容。但根据一些学者的考证，砸烂长椅事实上也可能并未真正实施过。桑多博士对"砸烂长椅"说进行了史料考证，查阅佛罗伦萨丝绸商人（Gregorio Dati）的通信信件，在他与其他商人多年的通信中没有发现有关于"砸烂长椅"说的事实描述。[①] 其作为商人习惯法的实际效力无法确认，是否在此举动之后仍然需要通过商人法庭的审判实现债权不得而知。

本书认为，此学说同样具有一定的合理性。在个人破产制度的初期，破产有罪作为制度前提是必然之义。如果这种制度是切实履行的，说明债权人

---

① 刘静：《起源与词源的双重困境——解析破产制度的历史误读》，载《西南民族大学学报（人文社会科学版）》2010年第3期。

在商人无法清偿债务的情况下，通过贬斥的方式要求其退出市场、丧失商主体资格、信用减等，证明在当时已经初步区分了自然人人格和商人人格，并用独立财产承担商事破产责任，而非进行债务人的人身处罚。即便该制度未能切实履行，之后中世纪的商人破产法律制度也在此基础上建立并完善起来，并在失权制度的基础上逐渐产生复权制度。

第二节　大陆法系个人破产复权制度概览

一、德国个人破产复权制度形成与发展

德国法在传统上认可对自然人的财产可以适用破产程序。但在早期的立法中，如1879年《破产法》第164条第1款，对非从事商业的自然人规定了破产程序结束后债权人仍然享有无限追偿权，通过个别强制执行程序受偿。这样的制度设计对个人破产制度影响甚大，也波及债务人失权后的复权，不利于债务人回归社会，重新配置社会的经济要素。到了1999年的《支付不能法》（Insolvenzordnung），"一般支付不能程序"（Regelinsolvenzverfahren）适用于个体经营者，而"简易支付不能程序"（Vereinfachtes Insolvenzverfahren）即消费者支付不能程序（Verbraucherinsolvenzverfahr）适用于因个人消费原因而导致的破产。德国法已经借鉴了美国破产法的经验，确立了剩余债务的免责制度，进入破产程序的自然人在经过良好表现考察期（Wohlverhaltensperiode）后免除剩余债务的偿还，获得重新开始的机会，更好保护了债务人的利益。考察期限为六年，破产法院也可以根据程序费用、共益债务的清偿或者破产债权的清偿比例，将期间缩短为三到五年。但剩余债务的免除获得破产法院的允许后，对全体债权人生效，成为自然债务，并不发生债权完全消灭的法律后果。

个人破产程序必须要历经庭外和解和庭内和解的强制性前置程序，其目的仍然是更好地实现债权人对债务人享有的债权。根据《破产清算法》第305条第1款的规定，必须有债务人咨询机构或律师（2014年7月1日后称为破产清算师）出具庭外和解失败的证明，之后才能进行庭内和解。当破产程序开始后，历经债务人会议，破产管理人报告申报债权的审核结果、破产

管理人对债务人财产进行变现处理，提交破产程序终结报告，破产法院进行终结分配等程序。在这个过程中，破产债务人要承担法定义务，如尽力寻找一项合适的工作，上交所有继承、赠予或彩票获奖等所得，向破产法院报告住所或工作变更，不得单独清偿债务，不得产生不合理债务。倘若有过错地违反此类义务，法院可取消该债务人的余债免除。关于债务人丧失权利的规定，可见于《劳工法院法》第21条和《法院组织法》第32条第3款。

2020年12月22日，德国立法机关在新冠疫情导致的社会经济下滑压力下，根据欧盟第2019/1023号破产法指令再次修改了破产法的破产程序，取消了原来缩短考察期限所需的几种前提条件。自2020年10月1日起提交的余债免除申请全部直接适用3年的考察期，但为了避免个人破产申请制度被滥用，将申请过余债免除后再次申请的间隔期从原来的10年变为11年。破产法同时明确，如因破产导致了职业禁止的情形，在债务人最终获得法院的余债免除决定之后，该职业禁止也可一并得到解除，即得以复权。

二、法国个人破产复权制度形成与发展

法国主要采用一般破产主义，由于法国立法模式是民事商事分立的，所以其破产法分为两个体系。第一种是商人的破产，现行法国破产法的基础是1985年1月的《困境企业司法重整和清算法》，并有《法国商法典》第六卷"企业困境"相关条文规定。《困境企业司法重整和清算法》第2条对适用范围予以规定，所有商人、手工业者、农业生产者、私法法人均适用。2005年修订《困境企业司法重整和清算法》时，律师、医生等自由职业者也适用。而《法国商法典》明确，适用于破产程序的自然人主要包括商人（第L121-1条）、手工业者（第L620-1条）、农业耕作者（《农村及海洋渔业法典》第L311-1条）、独立的职业活动者（第R811-1条至第R814-169条），自然人担任企业领导人常任代表的适用该法（第L653-1条）。第二种是消费者负债，在《法国消费法典》第L330-1条中规定了超额负债的处理程序。在破产程序中，这两类主体都适用复权程序。

在法国，个人破产失权会丧失某些公民权利和职业权利，其限制较为集中地规定在《法国商法典》第六卷第五编"责任与制裁"部分，第L653-2条至第L653-11条规定：①破产失权者不得领导、经营、管理、监督任何商

业、手工企业的法人。②为了减轻个人破产带来的影响,在第 L653-8 条中规定,对于限制内容,法庭有选择宣告权,可以只宣告其中一项内容,作为当事人破产的替代性处分。这些个人破产限制或者替代性处分措施最长期限可达 15 年。③被宣告破产后,法庭可以宣告破产人无能力担任公职,不再享有各会和地方议院的选举权,不得担任法官、司法官、律师。禁止担任公职的限制最长不超过 5 年,在法院判决为终局判决时,检察院向当事人通知此种无能力处分,并自该通知之日起产生效力。

法国在复权时基本实行许可主义。《法国商法典》第 L653-11 条规定:"以宣告个人破产而导致禁止权利的,应确定实行禁止措施的期限……丧失权利或者禁止权利以及无能力担任选举公职之处分,在法庭确定的期限到期时当然停止,无须另作判决。如因负债消灭而宣告程序终结的判决,则以判决形式免除或取消对这些自然人或法人领导人宣告的所有丧失权利、禁止权利与禁止担任选举公职的处分。"此外,如果利益相关者充分清偿了债务,或者当事人另行提供了担保,可以向法庭申请撤销有关全部或部分丧失权利、禁止权利与禁止担任选举公职的处分。法庭作出这项撤销判决则意味着恢复权利。

三、日本个人破产复权制度形成与发展

日本近代的破产法发端于 1890 年颁布的《日本商法典》破产编,其内容主要学习了《法国商法典》,着重强调债权人利益。只允许商人进行破产,采取惩戒主义不允许破产人免责等,受到法律界的诟病。1922 年颁布的《日本破产法》,由商人破产改为一般破产,不加区别地赋予个人破产能力,即不论是不是商人,是否有相应行为能力。从财产的膨胀主义变成固定主义,虽然仍然未实现免责制度,但已较以前的立场有了明显变化。在第二次世界大战以后,日本立法受到美国很大的影响,1952 年《日本破产法》引入了免责制度,成为日本破产法的重大改变。在 20 世纪 90 年代末,随着泡沫经济破裂后个人破产数量增加,21 世纪之交,日本对个人破产立法进行了重大修订,并引入了新的个人更生程序。1996 年 10 月,日本开始了对破产法的全面改革。经过多次颁布和修订,现在日本的破产法有两类个人破产的司法程序。一类是直接的破产程序,在这种程序中,债务人可以获得破产解除令;另一

类是针对个人债务人的特殊民事恢复程序。① 这些创新建立在法院首创的实际和程序解决方案的基础上，例如，申请和解除之间的时间是灵活的，通常不超过几个月。② 除 1999 年 12 月颁布的《民事再生法》，《日本破产法》一直沿用至 2004 年。2005 年再次修订后颁布新的《日本破产法》，删除了旧法共计 38 条，新增了个人破产的相当多内容。《日本破产法》总则第 1 条即提出立法目的"在于适当调整债权人与债务人之间的权利关系，平衡债务人与其他利害关系人之间的利益关系，通过对债务人财产公平适当的清算，确保债务人得到经济重生的机会"。明确定义了破产的功能，当今的日本普遍接受了破产免责的观念。

《日本破产法》对个人破产复权采用的是混合复权主义。第 255 条为当然复权之规定："破产人有下列情形之一发生，即可复权：（1）裁定免责；（2）决定废止破产程序；（3）决定认可再生计划；（4）破产程序开始后，破产人没有因欺诈破产罪被判刑，且已经过十年期限。"上述条款以完全列举的方式明确了当然复权的几种条件。第一种是免责裁定确定可导致复权，说明在《日本破产法》中，破产复权与免责是紧密结合的。日本的破产清算程序和申请免责的程序形式上虽然分开，但是债务人在申请破产时，根据《日本破产法》第 248 条第 4 款的规定（债务人在申请破产时，除有相反意思表示外，默认为申请免责）及第 249 条的规定，在申请免责而法院未作裁定之前，如果破产程序废止或者完成，则不得对破产人财产实行强制执行等处分，已进行的应当中止。破产清算的程序与免责程序的启动程序在此种情形中完全结合。第 248 条第 1 款规定："个人债务人于破产申请之日起，到破产程序开始决定后的一个月内，均可向法院申请免责。"这又将破产清算程序和免责程序的进程联系在一起。债务人申请破产后，法院可以命令破产管理人就有无免责事由进行调查并最终提交报告书，破产人应予配合。法院还必须指定一定期限内，要求破产管理人和破产债权人就是否免责问题发表意见。一旦符合免责许可的决定要件，即可免责，同时也进行复权，债务人可以回归到社会经济

---

① Junichi Matsushita, *Comprehensive Reform of Japanese Personal Insolvency Law*, 7 Theoretical Inquiries in Law, 555-564 (2006).

② SL Steele and C Jin, *Some Suggestions from Japan for Reforming Australia's Personal Bankruptcy Law*, 17 QUT Law Review, 74 (2017).

生活之中。第二种是破产程序废止决定。《日本破产法》第 216 条至第 218 条分别规定了破产程序开始决定同时、开始决定以后的破产程序废止决定，以及依破产债权人同意的破产程序废止决定的适用情形。第三种是根据 1999 年《民事再生法》，以再建型的再生程序处理债务。一旦再生计划得到执行或再生计划获得认可，也可以申请免责同时获得复权。但需要注意的是两次再生计划的间隔时间不能少于 7 年。第四种情况是未受欺诈破产罪的有罪判决且已经过十年。这样丧失的权利就能复原。

关于破产复权的范围，日本破产法关于失权的实体内容以非惩戒主义为价值基础，并对个人破产者未专章设置权利限制的法令，而是在一些单行法中作出了相应的限制。如破产人不得担任公证人、律师、办理士、公证会计士。《日本警察法》第 7 条及第 39 条规定，破产人在复权前不得成为国家公安委员、都道府长公安委员。[①]《日本民法》第 846 条规定，尚未复权时，破产人不得担任未成年人或者禁治产人的监护人。《日本民法》第 1090 条规定，没有复权的破产人不能担任遗嘱执行人，因为遗嘱执行人需要秉持公正处于中间地位。[②]《日本公证人法》第 14 条规定，被破产宣告的人存在信誉上的瑕疵，在复权前不能担任具有公信力的公证员。日本的法律规范主要是限制债务清理人的身份权利和职业资格，而且限制相对而言是较为繁复多样的。在制度的设计上，对具体需要被限制的对象进行立法上的限定，而不是在破产法里做系统的规范，这种较为灵活的立法模式值得中国在建构个人破产复权制度时进行借鉴。

《日本破产法》第 256 条则是对复权裁定的程序进行规定，大致为当破产人免除债务责任时，有权申请复权，破产法院对债务人的复权申请应当进行公告。破产债权人对破产申请可以提出异议。公告期届满，破产法院应作出破产复权的裁定，还需要将复权裁定分别送达给破产债务人和破产债权人，使破产债权人得以对裁定书提出即时上诉。日本采用的当然复权为主，申请复权为辅的形式，同样可以为我国的破产复权制度提供立法模式上的参考。

---

① 刘伯祥：《外国警察法》，中国法制出版社 2007 年版，第 3 页，第 11-12 页。
② 渠涛：《最新日本民法》，法律出版社 2006 年版，第 180、219 页。

第三节　英美法系个人破产复权制度概览

一、美国个人破产复权制度形成与发展

美国第一部联邦破产法典于 1800 年颁布，主要保护债权人的利益，破产免责要进行审查，以破产行政管理人和债权人的同意作为前提。1841 年的美国联邦破产法典是为了解决美国全国性的经济危机而制定，为保护债务人立场而制定相关条文。债务人有权提出相关申请，经由债权人的同意获得免责。可以说，1841 年美国联邦破产法典不但是为了解决市场问题应运而生的，而且充分考虑了债务人人权的保护。此后，1867 年美国联邦破产法典和 1874 年的破产法修正案沿袭了之前法典的精神，同样有利于债务人，甚至降低了最低的清偿比例和破产债权人同意的数额，但其中第 29 条也规定了相当多的不得免责事由。

1898 年，美国联邦破产法典再次颁布，并于 1938 年通过了重大修正案。根据 1898 年及之后的美国联邦破产法，法条已经明确规定了破产债务人免责的条件，并删除了债务人获得免责需要清偿的债务比例和获得一定数额的债权人同意之规定。其中不得免责的事由相比之前的法典删除了非常多内容，仅在第 14 条保留了两种事由："（1）破产债务人实施了破产法上规定为犯罪行为的情形。如故意隐匿破产财产或者制作虚假的会计账簿及陈述等。（2）破产债务人故意隐瞒其真实的财务情况。且在申请破产之前及破产程序进行过程中，有损坏、隐匿会计账簿的行为。"可以说，这部法典较之前的法典更基于债务人的立场解决问题，不再作为债权人诱使债务人进行偿还债务的交换条件，而是切实以社会公益为立足点，帮助债务人重新回归经济社会，活跃市场经济。之后的 1903 年修正案为了稍平衡债权人和债务人的利益，增加了四种不得免责的情形，并要求债务人提出的前后两次申请必须间隔 6 年时间。自 1933 年起，美国国会就破产法进行了大量的立法改革，1978 年破产法将程序的规定置于"Bankruptcy Rules"中进行详细而具体的规定，比如破产免责经过法院的裁定许可即可发生破产债务消减的法律效力，而不需要破

产债务人作为抗辩理由对抗债权人的追索行为。

2005年4月美国通过的《2005年破产滥用预防及消费者保护法案》（*Bankruptcy Abuse Prevention and Consumer Protection Act of* 2005），于2005年10月17日生效。美国法院行政管理部门统计数据显示，在2003财年，个人破产达到了160多万件，较1994财年的78万件上升了2倍多，远超过美国人口的增长率。[①] 但在这些数据中，破产申请人滥用破产程序并且多次申请破产的案例占据了相当大的比例，造成这种现象的原因是美国破产法对债务人过于宽松的法律环境。

美国现行破产法适用个人破产的分别是第7章和第13章，第7章需要放弃全部非豁免的财产，适用流动资产来偿还债务，最终实现免责。但一般申请适用第7章破产的债务人，计算免税财产后基本都无资金支付欠款。申请适用第13章破产的债务人被允许在三到五年内偿还一部分债务，适合有一定稳定收入且有还款计划的债务人。因此美国破产法确立了收入测试标准，申请适用第7章的债务人须证明其之前6个月的月均收入低于该州的家庭收入的中等水平。同时美国对现行破产法还进行了一系列改革以实现两个目的：一是关注破产申请人破产的原因，并予以裁判；二是破产申请人要为财产管理使用不当的行为负责任。改革后的破产法对破产立法的理念发生了变化，政府对破产这一领域的经济行为增加了控制力度。[②]

美国的破产复权制度特点在于并没有明确的复权规定，而是与免责制度密切相关，基本属于当然复权。如果破产法及其相关法律并没有非常明确地设立相关的破产失权条款，对债务人的权利或资格加以限制，或破产法明确对债务人的权利限制将随破产程序的完结而自行恢复，则无须设置专门申请的复权程序。因此美国破产法中的失权和复权程序都围绕着免责制度而设计，为破产复权制度创造了非常宽松的环境，破产记录将在消费者的信用报告中保留7年（在第13章的情况下）或10年（在第7章的情况下），为债务人重返经济社会提供了可能性，也充分保障了债务人的人权。

---

① Christopher J. Marshall, *United States Trustee, Region 1. The Questions Behind the Numbers*, 18 Journal of the National Association of Bankruptcy Trustees, (2002).

② 殷慧芬：《美国破产法2005年修正案述评》，载《比较法研究》2007年第2期。

二、英国个人破产复权制度形成与发展

英国在《1861 年破产法》就已经废除了商人与非商人的区分,均可适用破产程序。1981 年 4 月的"科克报告"对英国的破产法提供了利益平衡的制定思路,全面评估了修订法律的要求。1986 年 7 月通过的英国新《破产法》第一次将公司破产和个人破产结合在同一部法令中,并在 1989 年、1994 年、1998 年、1999 年、2000 年、2002 年、2003 年多次进行过修改。《破产法》第 2 部分(第 8 章至 11 章)规定个人破产程序。个人破产主要适用和解程序和清算程序。

英国在 20 世纪 80 年代之前,破产被作为清算或破产的同义词使用。一旦债务人进入被称为破产的经济状况,人们就会认为这种状况是终局性的,法律的适当功能是确保体面的埋葬。由于科克委员会的努力,这种对形势的悲观看法现在已经改变;破产,像癌症一样,不再被看作一种绝症,而是重新评估债务人行为的机会。因此,在 1985 年的改革中,英国引入了两种专门的公司救援程序——公司自愿安排和行政命令。在个人破产方面,个人自愿安排被认为是破产(或苏格兰的查封)的替代方案。1989 年的《银行(管理程序)令》将 1985 年新颖的债务人复权管理程序扩展到银行。在合伙企业破产方面也采取了类似的策略,《2002 年企业法》引入的个人破产制度改革于 2004 年 4 月 1 日在英格兰和威尔士生效。新法律有四个关键的结构要素:(ⅰ)缩短破产期限;(ⅱ)取消迄今为止对未免责的破产人施加的法定限制和失权;(ⅲ)对所谓"应受谴责"的破产人实行免责后限制的新制度;(ⅳ)推出由破产管理署署长监管的"快速"破产后个人自愿安排程序。[①]

英国自《2002 年企业法》颁布以后,将破产考察期从 3 年修改为 1 年,自法官作出破产限制令之日起算。这一年里破产人行为将受到相应的限制,破产债权人需进行破产限制承诺,严格遵守相关的义务。对违反者,纳入刑事犯罪处理。如在商事交易中须表明自身破产的事实,不得获取 500 英镑以上的信用。也不能在未告知交易相对人破产名称的情况下,以此名称直接或

---

① Adrian Walters, *Personal Insolvency Law after the Enterprise Act: An Appraisal*, 5 Journal of Corporate Law Studies, 65-104 (2005).

者间接从事商事活动。在未经法院许可的情况下，不得直接或以其他方式发起、组建、参与管理有限责任公司或担任董事职务等。① 如果没有特别限制，破产不阻止自雇执业的破产人重新开业，但不得使用原来的商号、银行账户及税务登记号等，破产人须重新注册登记。

如果破产案件进展顺利，则经过了一年的破产考察期后，破产自动解除，除了必须清偿的债务，大部分债务被免除清偿责任，破产人即可开始恢复正常的经济生活，包括原有的借贷、商业经营等限制均得以解除。但也可能因为破产进程不顺利，导致破产考察期中止后由法官裁定延长。此外，官方接管人②如果在破产考察期内经过调查发现破产债务人可能有虚假破产等不正当行为，可以向法院提交报告并申请在破产解除后仍然继续对债务人予以限制，即所谓破后限制令。

英国将善意债务人的破产考察期从3年缩短为1年，目的仍然是帮助善良而不幸的债务人恢复正常的经济生活，减轻失败对生活带来的影响。同时对欺诈破产行为或者在破产过程中涉及犯罪的行为施加更为严厉的惩罚。对我国而言，应当着重考虑动态调整破产考察期的长度以达到破产复权更好的法律效果。

三、其他英美法系国家个人破产复权制度

（一）澳大利亚

《澳大利亚破产法》规定了三种受监管的个人破产形式：破产、债务协议和个人破产协议。有学者研究发现，1990年至2008年间，澳大利亚的个人破产数量增加了261%，这种增长的一个重要方面是，澳大利亚的个人破产已成为一种越来越多的中产阶级现象。个人破产法还与更广泛的社会问题之间存在联系，如债务水平上升、支出习惯和社会福利。③ 在三种个人破产形式中，债务协议于1996年被引入澳大利亚个人破产法，作为破产的替代方案。这一

---

① 张永红：《英国个人破产案件的处理及启示》，载《人民司法》2020年第10期。
② 官方接管人是指在个人破产清算程序、公司清算程序、个人自愿安排、债务纾缓程序等多个广义的破产程序中，依据英国《1986年破产法》第401条的授权开展工作的人。
③ Ian Ramsay and Cameron Sim, *Personal Insolvency in Australia: An Increasingly Middle Class Phenomenon*, 38 Federal Law Review, 283-310 (2010).

替代方案越来越受欢迎,2010年,债务协议占所有新的个人破产的23%。①

(二) 印度

2016年5月,印度通过了个人破产制度,并作为全面的新破产法的一部分。有学者评论指出,该制度在某种程度上代表了一种法律冲击,为印度的债权人和债务人提供了迄今为止无法获得的工具。在纸面上,它大大扩大了个人和家庭可以获得的救济和保护。它有可能改变印度社会与消费者和家庭借贷相关的方面,尤其是与金融危机和债务减免相关的耻辱。然而,该制度很有可能至少在最初主要作为债权人的补救措施发挥作用,并为个人和家庭债务人提供次优保险。如果是这样,这将降低该制度在帮助个人债务人(包括企业家)从财务困境中恢复的效用,并将加剧消费者过度负债的部分社会成本。它还可能扭曲印度消费金融市场的发展,因为它促进了贷款的扩张,却没有有效地为系统性的家庭过度负债提供保险。②

第四节 中国古代及近代相关制度发展概况

一、中国古代债务清偿相关制度

在汉代已经有了债的存在,主要存在于借贷关系之中。并且为了保证债的履行,在债务中设置了担保人,称为"任者",同时也有见证人,称为"旁人"。债务担保可以用物担保,即"以物为赘",也可以用人担保,其目的均是保证债务的履行。如果债务清偿完毕,需要在原契约上进行标注。如果债务无法偿还,在汉代就已经有了以人身劳役抵债的方式。《太平御览》卷四一一中引用刘向《孝子图》:"前汉董永,千乘人,少失母,独养父。父亡无以葬,乃从人贷钱一万,永谓钱主曰:'后若无钱还君,当以身作奴。'"尽管

---

① Ian Ramsay and Cameron Sim, *The Role and Use of Debt Agreements in Australian Personal Insolvency Law*, 19 Insolvency Law Journal, 168-201 (2011).

② Adam Feibelman, *Legal Shock or False Start*: *The Uncertain Future of India's New Personal Insolvency and Bankruptcy Regime*, 93 American Bankruptcy Law Journal, 429-474 (2019).

有专家认为此说法可能是后人托刘向之名而为之。但在《后汉书·逸民传·梁鸿》中同样记载了梁鸿以劳动方式偿还财产损害之债的故事:"(梁鸿)家贫而尚节,博览无不通,而不为章句。学毕,乃牧豕于上林苑中。曾误遗火,延及他舍。鸿乃寻访烧者,问所去失,悉以豕偿之。其主犹以为少。鸿曰:'无他财,愿以身居作。'主人许之。因为执勤,不懈朝夕。"由此可见,汉代的债务人在无法清偿债务的时候,并不会适用破产复权的程序免除债务及恢复权利,无论是债权人或是债务人都认可需要清偿债务,且以劳役抵债直至清偿完成,而非劳役至一定的时间后自动免责及复权。

到了唐代,债的法律调整进一步扩大,愈加详细。首先,唐代债务基本要通过契约确定权利义务,唐代的债含义为"假贷人财务未偿"。债务人称为债人、责人或负人,债权人称为债主、责主或钱主。不履行债务称为违负或不偿,清偿债务称为偿或还。债权人和债务人的身份、权责都进行注明。发生债务纠纷,官府是以契约为证据,中人为证人进行审判。其次,为了确保民间债务契约能得到清偿,为此设置了保人和质押制度,也即人保和财保。在人保的设置方面,不但将家庭主要成员列为保人,甚至还要求亲属担保。一旦债务人债务无法清偿而进行逃亡,债权人有权向保人请求履行或者要求进行赔偿,体现了家族共财的社会观念。最后,如果确实出现了债务无法清偿的情况,以刑罚进行追责。根据《唐律疏议·杂律》的记载,如果有人欠债不还,债务价值达到一匹布帛及以上,从逾期二十日起,将被处以笞刑二十下;此后每再逾期二十日,刑罚加重一等(即增加笞刑十下),最高处笞刑六十下。若欠债价值达到三十匹布帛,刑罚在原有基础上加二等;若达到一百匹布帛,则再加三等。无论刑罚如何加重,欠债者都必须偿还债务。若自逾期起满一百日仍未偿还债务,将被处以徒刑一年。

除此以外,法律还规定了两种私力救济的办法。第一种延续了汉代的传统,进行"役身折酬",《唐令拾遗·杂令》规定:"诸公私以财物出举者,任依私契,官为不理……家资尽者,役身折酬,役通取户内男口……"债务人如果没有家产,无力偿债,则债权人可以命令债务人及其户口内男丁以劳役抵债,直至全部债务折酬清偿而止。第二种方式是"牵掣",即债权人有权扣押违反契约无法清偿债务的债务人的财物,但不能超过本契应获得的债务额,并且这种私力救济的方式要报官,否则会被定罪。《唐律疏议·杂律》规定："诸负债不告官司，而强牵财物，过本契者，坐赃论。"《唐律疏议》中具体进行了解释："谓公私债负，违契不偿，应牵掣者，皆告官司听断。若不告官司而强牵掣财物，若奴婢、畜产，过本契者，坐赃论。"

唐代的上述法律规定在实践之中都有应用。如吐鲁番阿斯塔纳古墓出土的唐麟德二年（665年）"张海欢、白怀洛贷银钱契"中记载："麟德二年十一月廿四日，前庭府卫士张海欢于左憧憙边贷取银钱肆拾捌文，限至西州拾日还本钱使了。如违限不偿钱，月别拾钱后生利钱壹文入左。若延引注托不还钱，任左牵掣张家资杂物、口分田桃（葡），用充钱直取。若张身东西没落者，一仰妻儿即收后保人替偿。"唐显庆五年（660年）"天山县张利富举钱契"同样记载其借银钱十文，每月利一文，到还款之日需将本金利息一并偿还。否则"若身东西不在，一仰妻儿及保任等代。若延引不还者，听掣夺家资杂物，平为钱直。两和立契，画指为信"。

宋代的商品经济更为发达，对债务清偿的规定基本继承唐制，但也有了一些变化。债的担保中同样包括人保和财保，只是类型上有所增加。人保包括了"三人相保"、"保人代偿"和"连保同借"等方式，财保包括了钱保和物保的情况，而且物保还可以根据是否占有担保物品细分为抵押权和留置权的适用，相比唐律中的规定更为细致。如果逾期不履行债务，同样根据情节的严重性适用不同的刑法，并要求赔偿。疏议曰"欠债负债者，谓非出举之物，依令合理者"，欠债人违反契约规定过期不还的，金额达到1匹布的价值，超20天处笞刑20板，过20天加一等，到60天升杖刑。金额达30匹布，加二等；若欠债达30匹布价值，违约20天处笞刑40板；100天不还杖刑80板。金额达100匹的加三等，违约满20天杖刑70板，100天后不还处徒刑一年，偿还所有债务。① 从中可以看出违约金额不同，违约时间天数不同，受到的处罚是有区别的。"谓公私债负，违契不偿，应牵掣者，皆告官司听断。若不告官司而强牵掣财物，若奴婢、畜产，过本契者，坐赃论。② 不论公债、私债，如果欠债人到了契约规定的时间不还，就可以到政府请求帮助，政府派人强制执行。假若欠钱人没有现金，允许实物抵押，可以是奴隶，也可以是

---

① ［宋］窦仪：《宋刑统》，薛梅卿点校，法律出版社1999年版，第467页。
② ［宋］窦仪：《宋刑统》，薛梅卿点校，法律出版社1999年版，第213页。

第一章　个人破产复权制度的历史溯源与发展概况

牲畜，还可以是房屋。而"役身折酬"的规定完全沿用了唐令的相关规定。但在实际之中，官府更多的还是支持经济上的赔偿，而非真的施加人身强制措施。毕竟如果债务人因为借贷无力偿还而被充为债权人的奴婢，则对整个市场经济都是一个打击。南宋孝宗隆兴二年（1164年）二月六日，知潭州黄祖舜言："湖南人户少欠客人盐钱，辄敢折人男女充奴婢，乞以徒罪论断。"刑部言：如人户少欠客人盐钱，其客人辄折其男女充奴婢者，欲比附"以债负质将人户（口）杖一百、钱物不追"条法断罪。孝宗"从之"。① 官府介入到借贷不能清偿的案件中进行处理，说明对商品经济的管理有所加强。并且有官府协助强制执行债权，进行监理，如果确实无财产可供执行，可以暂时中止履行，待债务人有了履行能力再恢复。为了对商品经济的民事流转起到促进作用，对超过一定时效且没有契要作为证据的债采取了自然消灭的规定。宋代的商品经济发展远超前代，因此债务案件众多，加上义利观的平衡，也带来一些观念的变化。如南宋光宗绍熙二年（1191年）十一月赦文："有已经估籍家产偿还不足，依旧监系牙保等，牵连不已，可并与除放，毋致违戾。"② 在《庆元条法事类》中规定："诸欠无欺弊而身死者，除放；有欺弊应配及身死而财产已竭者，准此"。③

元代是少数民族入主中原建立大一统中央政权的朝代，在元世祖"祖述变通"的法治思想之下，债权的履行中有了一些民族的特色，但仍然沿袭了前朝清偿债务的大方向，债权人多拖拽人口马匹抵偿债务。所以《元典章》中规定："债主不得将欠债人私下监收，拖拽人口头匹。"但是官府允许用劳务工钱抵债。《至元杂令》规定："诸负债贫无以备，同家眷折庸。"④

明朝同样保护债权人的利益，允许债权人牵掣债务人的财物，但需经过官府审理。"若豪势之人，不告官司，以私债强夺去人孳畜产业者，杖八十。若估价过本利者，计多余之物，坐赃论，依数追还。若准折人妻妾子女者，杖一百；强夺者，加二等；因而奸占妇女者，绞。人口给亲，私债免

---

① ［清］徐松辑录：《宋会要辑稿·食货二七之一五》，中华书局影印本1987年版，第5263页。
② ［清］徐松辑录：《宋会要辑稿·食货三一之三〇》，中华书局影印本1987年版，第5817页。
③ ［南宋］谢深甫：《庆元条法事类》，国家图书馆出版社2014年版，第1325页。
④ 黄时鉴：《元代法律资料辑存》，浙江古籍出版社1988年版，第40页。

追"。① 对逾期不还的，要计算利息并处以笞刑："若负欠私债，违约不还者，五贯以上，违三月笞一十，每一月加一等，罪止笞四十；五十贯以上，违三月笞二十，每月加一等，罪止笞五十；二百五十贯以上，违三月笞三十，每一月加一等，罪止杖六十，并追本利还主。"

明朝还在契约关系中引入了中保制度，要求债务人在无力偿还或逃亡时由中保人代为偿还。政府在保护债权人利益的前提下，将债务关系的法律调整和利益平衡纳入掌控之中，目的是防止阶级矛盾激化，维护社会秩序稳定。这种立场也间接影响了民间法。里老是作为乡里年高有德、谙知土俗的老人，听乡里诉讼并进行裁断。里老人理讼的职责就包括"钱债"等一般民事纠纷。按《明清乡约制度与闽台乡土社会》一文中所述，"在里老（耆老）听讼受案范围内的'钱债'项下，又有'大孙顶尾子'、'嫡全庶半'、'父债子还'、'麻灯债'、'新正不讨债'等民间俗例，乡民的做法合于民间俗例则视为合理，里老（耆老）作出的判决亦以合于民间俗例为合理"。② 民间习惯法对负债依靠家族近亲、家族钱财进行偿还是能够接受的。

清朝坚持私债必偿，债务人要按照契约约定缴纳利息，如期偿还本金。否则根据不同情况予以处罚。"其负欠私债违约不还者，五两以上，违三月笞一十，每一月加一等，罪止笞四十。五十两以上违三月笞二十，每一月加一等，罪止笞五十，百两以上违三月笞三十，每一月加一等，罪止杖六十，并追本利给主"。③ 如果债务人完全无法偿还，则要求中保人连带偿还。政府还禁止债权人取利过高及豪强借放债的情况强占人口。若豪强霸道的人不打官司，私自追债，强抢债务人的牲畜或者财物的，处八十下杖刑，若将债务人的妻妾、儿女抵债，抢夺者加二等处罚，即处七十下杖刑，有期徒刑一年半；采取强抢且奸污妇女的，处以绞刑。（监候，所准折强夺之）人口给亲，私债免追。

清朝政府的政策基本维持了经济秩序，并且在实践中得到执行。如现存于安徽省图书馆的材料记载：清光绪二十二年（1896年），安徽婺源当铺主

---

① 黄彰健：《明代律例汇编》，"中央研究院"·历史语言研究所1979年版，571页。
② 汪毅夫：《闽台区域社会研究》，鹭江出版社2004年版，第19页。
③ 黄彰健：《明代律例汇编》，"中央研究院"·历史语言研究所1979年版，第571-572页。

江永泰在经营出现困难的情况下,向官府申请张贴清理债权债务的告示。

钦加同知衔署鄱阳县正堂加二级记录四次胡为给示停当候取事。兹据安徽婺源县职商江永泰禀称:于光绪二年在东关外开设永泰质铺,旋于光绪十四年领帖改开当铺。只以近年来生意清淡,费用浩繁,甚至入不敷出。职商踌躇再四,非沐恩准停业,实属力难支持。为此,粘呈印帖,恳请转详并恳给示,以便收歇等情到县。据此,除禀批示并据情详缴印帖外,合行给示停当候取。为此,示仰阖邑诸色人等知悉:尔等须知,该永泰典铺,现已禀缴印帖,停当候取。尔等所当衣物等件,赶紧照章措备钱文,携票取赎。若系日期未满,该典铺不得藉词不缴;已期满者,不准留利,亦不得强取。自示之后,各宜禀遵毋违。特示。右给谕通知。光绪二十二年四月初八日(县印)告示实贴江永泰典铺。[①]

当典铺无力经营的时候,江永泰并没有一走了之留下烂摊子,而是与官府配合积极处理债务清理事宜,这种举动当然得到官府支持,能够维持社会经济稳定发展。

前文总结了历朝历代债法中有关破产及复权制度的法律史料后,我们可以得出结论,封建社会债法的本质就决定了除保护合法的债权债务关系外,更多地考虑债权人的利益。基于这个前提,历朝历代的法律中都采用了刑罚、监禁和私力救济等刑事手段,规定了偿罚并处、中保人代偿、役身折酬、牵掣财务等众多方式尽量保证债务的清偿,而较少设计通过失权考察期后复权的法律程序。

二、中国近代破产制度立法进程

近代以来,随着中国与外国的商贸往来日益增多,债务问题也随之发生,在破产制度上也受到其他国家破产立法的影响。当中国行商的经营出现困难之时,清朝政府一般仍然采用原来的办法查抄财产变卖后赔偿,并以刑事手段追债。但随着洋商也出现破产的情况,由于管辖的司法机关不同,适用的

[①] 《清光绪二十二年四月初八日江西鄱阳县江永泰当铺歇业告示》,转引自卞利:《明清典当和借贷法律规范的调整与乡村社会的稳定》,载《中国农史》2005年第4期,原件藏安徽省图书馆。

审判法律也不同，就导致了判决结果大相径庭。华商破产要承担无限的清偿责任，而洋商倒闭则按照西方的破产法规则承担有限责任，仅是将财产变卖后按比例摊付给债权人。在这种极为不公平的处理方式中，清政府意识到了中国传统处理破产债权方式的问题，并在1906年参照日本法编撰体例，"兹经臣等督饬司员，调查东西各国破产律及各埠商会条陈商人习惯，参酌考订成商律之破产一门"。①这部法律主要针对商人破产，它是中国历史上第一部专门的破产法，非商人也参考适用。

该法律以民事程序解决破产问题，放弃了过往的刑事追责的思路，并引入了破产免责主义和债权人按比例分配破产财产的原则，不再追究其他相关主体的财产。"破产之商不得涉及其兄弟伯叔侄暨妻并代人经理之财产，凡有财产照商会章程赴商会注册，将契券呈验加盖图记或邀亲族见证鉴定方为有据"。总体来说，处于当时较为先进的立法水平，但与中国当时的社会政治、经济现实不相匹配，当时官民各方对《大清破产律》的适用问题及条款的理解分歧较大，1906年由农工商部奏请暂缓执行，1907年10月27日即明令废止此律。

北洋政府时期，1915年参照日本、德国的立法重新编著《破产法草案》，该法律共337条，包括实体法、程序法、罚则三部分，区分了程序法和实体法，但拼凑痕迹较重，不符合我国的商业习惯，实际影响不大。

民国政府时期，有鉴于破产案件处理中无法律可资适用，造成了司法裁判的困难。1934年南京政府起草的《破产法草案》共计333条。但内容驳杂，对中国的上市破产习惯、破产和解制度以及破产蕴含之法理未能阐明，故未提交立法院审议。同年8月，政府事业部协同司法行政部编订了《商人债务清理暂行条例》，共计68条，最终于10月22日公布试行。在此基础上，1935年4月，政府编制了《破产法草案》初稿，并广泛征求社会意见修改后于1935年7月17日颁布施行。该法律共四章159条，分为总则、和解、破产和罚则，整体立法水平较高，但对适用对象范围和申请条件都未限制，而且规定免责条件亦失之宽泛。如破产债权人经协调或破产程序进行部分清偿，

---

① 《商部会同法律大臣奏议定商律续拟破产律折》，转引自逯子新、赵晓耕：《清末破产法的文本渊源及实践考察》，https://www.sohu.com/a/205334919_689962，2021年7月8日访问。

未清偿部分即可免责。该法律被人批评不考虑债务人的善意和恶意，程序上也不作严密限制，导致实务中债权人大多拒绝申报，影响了实际效果。

三、破产制度本土化的障碍分析

（一）古代中国个人破产复权制度未能建立的原因

从古代中国破产制度溯源情况可以看出，古代中国未能建立个人破产及复权制度，主要还是因为传统法律观念深受儒家思想影响，并体现于债法的立法及司法过程中，主要原因可总结如下：

1. 传统农业经济抑制商品经济的发展

中国古代强调以家庭为生产、生活的基本单位，主要的经营方式就是男耕女织自给自足的小农经济，商品交换非常不发达，其抵御意外的能力很弱。古代中国是传统的农业经济，聚族而居、自给自足、安土重迁的社会生产生活方式使得商品经济不发达。古代中国的历代政府制定政策法令时，大多遵循重农抑商的政治目的，力求驱民从农，促进农业经济的发展，以便稳定地征收赋税。在解决商事债务纠纷的过程中，轻则适用民事调解，重则引入刑事手段解决，也很难产生与之相匹配的商事法律体系。由于小农经济的忧患意识强烈，所以对债务很难有宽容的心态，对于债务人申请破产后以复权方式回归经济社会更是排斥，因此这也使得现代中国社会的民众继受传统法文化后，对个人破产复权制度的接受度较低。这与西方国家基于频繁的商品交易、成熟开放的市场经济模式乃至消费理念都是迥然不同的。而只有商品经济发达，市场经济逐步成熟的情况下，才有基于市场竞争优胜劣汰带来的破产退出机制。从个人破产制度发展至专门设置破产复权制度，更需要相当的理论研究与实践经验沉淀，而古代中国不具备自发产生破产复权制度的经济环境和基础。

2. 传统的儒家思想使得欠债还钱观念根深蒂固

在中国建立个人破产复权制度，主要障碍还是人们的法律观念对破产的理解仍然是有罪论。儒家思想在我国古代的法治思想中，占据重要的地位。信是儒家五常之一。《说文》进行了解释，"信，诚也"。唐代著名学者孔颖达在注疏《礼记·礼运》中的"讲信修睦"这句话时说,"信,无欺也"。因此欠债还钱是讲究诚信的一种表现,既作为立身处世之根本,也维系了古代社会良性发展。为了解人们传统的价值观,并更好地设计破产复权制度,我们有必要对古代中国的破产制度进行梳理溯源。

儒家思想是中国传统的法治思想,占据了重要地位。儒家思想讲究诚信,诚信守规,欠债还钱被认为是美德,也是人的立身处世之根本。儒家法律更多偏向于伦理法,对道德层面的要求比较高,言而无信,拖欠债务则被认为是不道德行为,甚至是轻微犯罪行为。因此即便是诚实而不幸的债务人不能清偿债务,往往也基于道德的束缚以劳务方式清偿债务,并以清偿债务作为美谈。债权人能就债务解决问题宽恕矜怜债务人,加上传统儒家思想中家族观念极为重要,很多个人债务也被认为应该由家庭乃至家族予以承担,因此衍生了很多中保人、父债子还、亲戚代偿等民间认可的替代性债务承担方式,很少需要适用破产免责的相关法律进行调整,更不太可能形成破产复权制度。

3. 国家立法主要维护债权人利益

中国历代法典中涉及债务不能清偿的情形,基本沿袭了同样的法律规定,追究债务人的刑事责任。欠债被视为破坏稳定的社会秩序,威胁到既有的社会公共利益。因此用刑事制裁进行强力的追索,以公权力介入债权债务的纠纷之中。民国学者刘陆民认为:我国从秦朝汉代以来,老百姓担负的租税,朝廷偶尔减免;但老百姓之间的债务问题,在汉朝的时候超过期限不还,就会受到惩罚;在唐朝如果违反契约不还,则被认为有罪;在宋朝违背契约不还,就会被"笞杖",家庭里面没有资产,以差役折抵;在明朝违反契约不还的,处以笞杖外,还要追还本金利息。总之欠债必还,不得减免或者逃避延期。[①]

当然,在一定程度上,国家也考虑了债权人与债务人之间的利益平衡。首先主要是在立法上禁止债权人获利过多(一般为月获利不超过三分,这也在一定程度上影响了我国民间借贷的设定利率),攫取超额的利益。其次是禁止豪绅借由债务问题抢占人口,避免引起社会矛盾的激化。因此,基于传统

---

① 刘陆民:《债务轻减制度与一般社会经济》,载《法学丛刊》,1935年版第3卷,第5、6期合刊,第85页。

的欠债还钱法律观念，我国古代立法上既难以产生破产免责的法律设计，也未能发展个人破产及复权的制度。

4. 破产免责只是个别的特例情况

尽管没有破产复权制度，在古代中国也有一些关于破产免责的记载，债务人被免责后回归了社会经济生活。关于破产免责的记载，大致有两种情形，第一种是债权人赦免债务人的债务，主要是通过道德范畴的"仁义"施加乐善好施的行为，如《战国策》记载的冯谖"因烧其券"故事。冯谖在区分了确实不能偿还债务的贫穷人群之后，将债券付之一炬，"孟尝君所以贷钱者，为民之无者以为本业也；所以求息者，为无以奉客也。今富给者以要期，贫穷者燔券书以捐之。诸君强饮食。有君如此，岂可负哉！"从而得到了人心。第二种是国家对债务的大赦。唐宪宗时期《元和十四年七月二十三日上尊号赦》记载："京城内私债，本因富饶之家，乘人急切，终令贫乏之辈，陷死逃亡。主保既无，资产亦竭，徒扰公府，无益私家。应在城内有私债，经十年已上，本主及元保人死亡，又无资产可征理者，并宜放免。"①此后在宋朝、元朝都有行使过，但赦免程度不同，有的只赦免利息仍然要还本金，有的是无条件全部免债务，有的是针对债务人逃亡或无家产者进行赦免，还有的是只免除追债的刑事责任但不免除还债责任。故此，民间契约签订时，为保证还款，还专门注明"如有恩赦，不在免限"。但这两种情形的免责并不经常发生，且完全依赖于债权人或者当局统治者的意思表示。

综上所述，古代中国个人破产制度不能建立是多方面因素共同导致的，包括以农业为主的经济构成、占统治地位的儒家法文化思想、站位债权人利益的国家立法，都使个人破产免责及复权成为鲜见的案例。

(二) 传统法律观念的积极层面

中国社会公众对个人破产复权制度接受度不高，直至近几年才由于国家政策的鼓励而推动相应立法建设，其根本原因仍是源于中国传统法文化在现代社会的影响。由于中国传统法律观念中没有权利义务的概念表达，民间习俗中债务人多以破产为耻，俟后经济好转之时予以偿还债务。债权人和债务

---

① 《元和十四年七月二十三日上尊号赦》，引自董诰等：《全唐文》，中华书局1983年版，第677页。

人实行的是动态的债务清偿过程，视双方经济情况的变化而决定是否要继续进行债务的追索。在《中国司法档案数据库·江津卷》[①]的原始档案中记载，一位82岁的张朱氏老人曾在1921年追讨其亲戚谢玉祥产生于1891年前的欠款，其理由是虽然曾经基于亲戚关系对债权使用了摊还的方式进行了结，但后来对方经济条件好转，故时隔30年仍然再行追讨。在官府和中人的主持下，最终调解结案，债务仍然要继续偿还。在商业中，商业习惯法与外国商业习惯迥异，因此即便是汲取了部分中国传统习惯的破产法律制度仍然难以调整社会上的债权债务关系。特别是在广大农村的乡村经济中，更是难以实行。即便当下破产复权法律的技术性规范参照国外的法律制度进行移植，但社会性的法文化内核仍然按原来的方式潜移默化地影响着人们的思维方式，并支配着人们的行为模式。

但我们也应该认识到，个人破产复权制度在中国并非完全没有基础。儒家思想的诚信观虽然对债务人完全清偿债务提出了要求，但同时也并不排斥对诚信而不幸的债务人施加"仁"的破产复权方案。《名公书判清明集》中记载的胡石壁关于李氏三兄弟欠债的判决很有典型性，讲的是李氏三兄弟欠了胡石壁的钱，但是他们家境贫寒，食不果腹，面容憔悴。本来欠债不还应该被"杖一百"，并"留禁"，胡石壁鉴于李氏三兄弟无力偿债，饥寒交迫，"死亡无日"，且分析三兄弟欠债并非恶意。所以，胡石壁不仅没有"留禁"三兄弟，还发放米粮救济，并放其回家。说明在对待"诚实而不幸"的破产债务人的态度上，我们可以从儒家"仁"的思想寻觅到一些积极因素，区分不同主观态度的破产债务人群体是建立破产复权制度的先决条件之一。

因此，在当下中国个人破产复权制度的建构与实施过程中，我们必须充分考虑古代中国传统法律观念对目前社会公众理解个人破产复权制度的影响。传统法律观念并非不可变化，我们需要结合社会主义法治理念进行扬弃，通过以下几项措施进行古为今用。

首先，儒家对"仁"精神的追求使得区分出诚实而不幸的债务人并对其复权成为可能，债务免除在古代中国并非没有先例，而失权和复权制度的设

[①] 《江津县知事公署关于张朱氏控告谢玉祥义缓估骗案系列档案》，http://jiangjin.datahistory.cn/pc/text_search_3.html?words=%u5F20%u6731%u6C0F，2020年7月10日访问。

置可为债权人评估是否接受破产方案提供利益平衡的考虑，在制度实行的初期应对债务人复权的审核更加严格，等社会公众接受度提高后再通过法律修订适当放宽。其次，中国传统立法中国家主义的色彩还相对浓厚，立法工作多是自上而下进行。因此在个人破产复权制度中需要多发挥政府相关部门的引导作用，加强法治中国建设的公众参与，做好调研和论证的双向互动，由国家自上而下地推行个人破产复权的立法工作，特别是逐步加强个人破产复权制度的试点深度及广度。随着大城市越来越多地开展相关立法试点工作，个人破产复权制度也必然会愈加为社会公众熟知而接受。最后，破产立法实践中产生的一些问题主要是未充分考虑债权人和债务人的利益冲突平衡，并且独立移植国外既有的法律制度，而没有做好配套制度的建设，容易诱发道德风险。现在的社会现实中市场经济有了长足的发展，在制定破产复权制度的时候同时要考虑配套制度的建设，这样可以避免债权人丧失无限追索权而产生对债务人未受到惩罚的不认同，以及个人信用制度不够完善引发的逃债忧虑，也可以减轻社会公众对个人破产复权制度的抵触情绪。综合考虑以上因素并应用于个人破产复权制度的立法实践中，制度的适用才能取得更好的效果。

第二章

新中国个人破产复权制度探索与实践障碍

第一节 个人破产制度立法的推进现状

一、破产立法的简要进程

新中国成立之后，农业、手工业和资本主义工商业完成了社会主义改造，实现了生产资料私有制向社会主义公有制的转变。在计划经济体制下，没有商主体破产的情况，也没有破产复权立法的迫切需求。改革开放以后，由于社会主义市场经济体制逐步建立起来，1986年12月2日《中华人民共和国企业破产法（试行）》颁布，并于1988年10月1日实行，主要适用于全民所有制企业，行政管理的色彩浓厚。1991年修订《中华人民共和国民事诉讼法》时，专设第二编第十九章"企业法人破产还债程序"，非全民所有制的法人型企业适用，将破产制度实施的范围扩大到所有法人企业。最高人民法院出台了相关司法解释，国务院配套制定相应的行政法规。这些破产法律法规在过渡期解决了企业破产问题，核销了银行的呆账，优化了经济结构，提高了企业的经济效益。新中国成立后破产法规制定颁布顺序如图2-1所示。

第二章　新中国个人破产复权制度探索与实践障碍

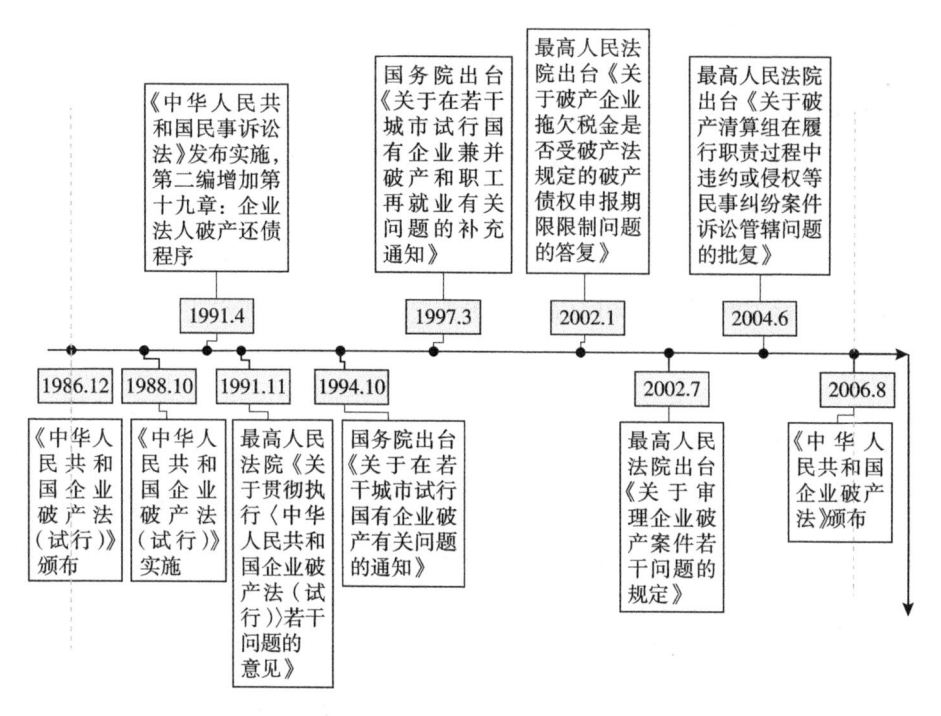

图2-1　新中国成立后破产法规制定颁布顺序

时间轴（上方）：
- 1991.4《中华人民共和国民事诉讼法》发布实施，第二编增加第十九章：企业法人破产还债程序
- 1997.3 国务院出台《关于在若干城市试行国有企业兼并破产和职工再就业有关问题的补充通知》
- 2002.1 最高人民法院出台《关于破产企业拖欠税金是否受破产法规定的破产债权申报期限限制问题的答复》
- 2004.6 最高人民法院出台《关于破产清算组在履行职责过程中违约或侵权等民事纠纷案件诉讼管辖问题的批复》

时间轴（下方）：
- 1986.12《中华人民共和国企业破产法（试行）》颁布
- 1988.10《中华人民共和国企业破产法（试行）》实施
- 1991.11 最高人民法院《关于贯彻执行〈中华人民共和国企业破产法（试行）〉若干问题的意见》
- 1994.10 国务院出台《关于在若干城市试行国有企业破产有关问题的通知》
- 2002.7 最高人民法院出台《关于审理企业破产案件若干问题的规定》
- 2006.8《中华人民共和国企业破产法》颁布

随着社会主义市场经济机制的成熟，涉及企业的立法日渐完善。再加上我国加入世界贸易组织（WTO）以后，市场经济逐步与国际社会接轨，有了进一步制定市场主体退出机制的破产法的需要。自1993年第八届全国人民代表大会将"破产法"再次列入立法计划，经历了十余年的起草时间。关于破产法是否将个人经营和消费活动纳入调整范围，学界一直争论很大。但时任全国人大财经委副主任委员贾志杰认为，当时的中国时机不成熟，既没有个人财产登记制度，也不具备完善的社会信用环境。[①]

最终2006年8月27日颁布了《中华人民共和国企业破产法》，标志着我国的市场经济进入了更加全面的法治化阶段。但这部破产法囿于当时的环境和条件因并未设立个人破产制度，被评论为"半部破产法"。《中华人民共和国企业破产法》颁布之时，新中国有破产法的历史也就只有20余年，破产案

---

① 崔丽：《企业破产法草案10年艰难出壳，个人破产时机尚不成熟》，载《中国青年报》2004-6-22（3）。

件数量不多，法院处理和审判的案件经验积累不充分，财产申报制度和征信系统等配套机制也并不健全，倘若一蹴而就地制定个人破产制度，可能在后续会产生较多的问题。但《中华人民共和国企业破产法》规定了破产原因，增加了破产管理人制度，并梳理了破产重整、破产清算、破产和解的程序，这一些概念的明晰给个人破产复权制度的建设起到了夯实基础的作用。十余年来，最高人民法院不断出台司法解释，发布典型案例，国务院的行政法规、部门规章也在不断地探索和回应《中华人民共和国企业破产法》实施过程中遇到的新问题。

二、个人破产的现实需求

随着中国特色社会主义市场经济的不断发展，对个人破产复权制度的现实需求愈发迫切。破产复权制度的设计目的是帮助"诚实而不幸"的债务人"再生"，他们作为具有中国特色的社会主义市场经济的中坚力量，应该拥有重新开始经济生活的制度保障。而作为中国市场经济的配套制度，破产复权也能鼓励更多的人重新参与到创新创业的商业活动中，保证更多的生产要素配置能够进入市场中，保持市场的活力。这不仅有利于建立社会信用体系，优化法治化营商环境，建立破产复权制度更是完善社会主义市场经济体制的具体措施。因此我们需要研究中国的现实情况和需求，更好地进行法律移植，为破产复权制度在中国落地生根创造出坚实的理论基础和实践基础。

（一）推进供给侧结构性改革的需求

1. 推进供给侧结构性改革的内容和意义

在中国特色社会主义市场经济面临经济发展新常态的情况下，提出供给侧结构性改革是中国特色社会主义市场经济实践的经济理论革命。2015年12月18日至21日的中央经济工作会议上提出，推进供给侧结构性改革，是适应和引领经济发展新常态的重大创新。供给侧结构性改革就是强调通过提高有效生产能力促进经济增长，本质是尊重市场的地位，让市场发挥更大的资源配置作用。通过市场能及时、准确地捕捉到供求关系的变化，灵通信息使商品生产者、经营者及时根据市场变化配置调节人、财、物。

推进供给侧结构性改革是一个系统性工程，目的是让我国市场经济迈向形式更加先进、分工更加优化、结构更加合理的新阶段。中国社会生产力发展的历史需求是供给侧结构性改革的最根本动力。这些历史需求表明了在中国社会生产力进入新的历史阶段所面临的新问题以及原有体制和各种政策制约生产力可持续发展的现实。在理论层面，供给侧结构性改革是马克思主义基本方法在中国特色社会主义政治经济学中的重要运用，是对中国特色社会主义政治经济学中的发展经济理论、宏观经济理论、制度经济分析的重大突破；在实践层面，供给侧结构性改革是解放和发展生产力的历史要求，是中国转变发展方式克服经济失衡的关键，是宏观调控方式深刻的革命，是制度创新的重要动力。[1] 因此我们要发展中国特色社会主义政治经济学，进一步解放和发展生产力，就必须要更好地利用供给侧结构性改革，配合破产复权制度发挥好调节资源配置的功能。

2. 破产复权制度是推进供给侧结构性改革的必然要求

在推进供给侧结构性改革的过程中，国民经济平稳运行是让供给体系提质增效、促进经济高质量发展的重要条件。建设有序竞争、统一开放的现代市场体系才能保证国民经济平稳运行。市场是生产和消费的重要纽带，要健全市场监管、社会信用等制度，实现市场进退畅通、市场有序开放、市场充分竞争、市场秩序规范。而个人破产复权制度正是市场进退畅通的重要切入点。

破产在资源配置中起到了重要作用。李曙光教授在《破产法是整个供给侧结构性改革的要点》一文中提到："经济学中有两个比较重要的理论，一个叫替代法则，从企业角度来讲，有竞争力的企业总会替代没有竞争力的或者低竞争力的企业；另外一个是市场出清，也就是讲市场商品价格的灵活性，这种灵活性会使需求与供给自动达到一种均衡。替代法则和市场出清这两个经济学理论实际上告诉了我们，市场经济需要一个破产的机制。也就是说，市场经济是需要破产法的。"[2] 尽管李曙光教授的论述主要是针对企业破产的范畴，但我国仍然可以将这些理论研究的成果应用于个人破产及复权制度的

---

[1] 刘伟：《供给侧结构性改革：中国特色社会主义市场经济实践和理论的深刻革命》，载光明网，https://news.gmw.cn/2017-03/22/content_24025446.htm，2021年6月22日访问。

[2] 李曙光：《破产法是整个供给侧结构性改革的要点》，载搜狐网，https://www.sohu.com/a/198662569_550962，2021年6月22日访问。

建构工作之中。建立个人破产制度，有利于提高供给体系的质量，化解破产债务人的还债危机，保护债权人和债务人的合法权益，最终营造稳定、公平、透明、可预期的营商环境，促进经济社会持续健康发展。

2019年2月27日，最高人民法院发布《关于深化人民法院司法体制综合配套改革的意见——人民法院第五个五年改革纲要（2019—2023）》，提出围绕经济工作会议精神，研究建立个人破产制度适应供给侧结构性改革的需要，推进相关配套机制的建立，下大力气解决执行不能问题，为执行不能案件寻找退出路径。

自然人是市场经济的重要主体，在区分出"诚实而不幸"的债务人之后，需要通过免责和复权机制给予债务人再生的机会。严密监控恶意逃废债，促进债务人再创业创新，防范公民债务风险、切实维护社会稳定。破产复权制度能够顺应供给侧结构性改革的需要，在畅通个人依法退出的途径和促进资源合理配置与高效利用方面具有十分重要的作用。

个人破产复权制度是债务人选择破产程序的根本动力和必然要求，同时也是个人破产制度中必不可少的闭环制度。如果个人破产制度不设立或者不包括破产复权制度，必然会导致市场经济中出现大量的逃债废债，导致大量司法资源的浪费，并间接影响大量涉诉的生产要素无法得到有效利用。因此，需按照利益平衡原则，设置个人破产复权制度，解决债权人和债务人之间的利益冲突。个人破产复权制度有利于债务人重新开始生活。对于信用良好的破产人，其剩余债务在经过破产程序后可以免除，还可以保护破产人的豁免财产，使其恢复生产经营能力。

（二）"共同推进"和"一体建设"全面依法治国的需求

1. 依法治国的内容和意义

2014年10月23日，习近平总书记在党的十八届四中全会第二次全体会议上强调："准确把握全面推进依法治国工作布局，坚持依法治国、依法执政、依法行政共同推进，坚持法治国家、法治政府、法治社会一体建设。"在司法体制改革上坚持正确政治方向，提升司法公信力。坚持依法治国和以德治国相结合，社会主义法治建设必须彰显其核心价值观，社会诚信体系建设必须建立长效机制，坚决惩处公德失范行为，绝不允许诚信缺失，确保社会风尚良好，切实维护社会秩序稳定。全面依法治国的需求推动着个人破产复权制度的立法建设。

围绕全面依法治国的总体目标构建各项法律制度是依法治国的必然要求。依法行政必须坚持党的领导、人民当家作主和依法治国三者的有机统一；必须把维护最广大人民的根本利益作为政府工作的出发点；必须维护宪法权威，确保法制统一和政令畅通。① 个人破产复权制度的建立，有赖于民众自身重视诚信机制的建设，并愿意以司法途径解决个人债务，还需要各级人民政府依法行政，因此必然要求依法治国。

2. "共同推进"和"一体建设"全面依法治国对破产复权制度的需求

"三个共同推进"和"三个一体建设"是逻辑严密完整的科学理论体系。共同推进、一体建设是深入总结社会主义法治建设独特性和规律性得出的科学结论，是立足中国实际、总结中国经验、回答中国之问的精辟论断，使我们进一步明确新时代法治中国建设的前进方向。② 全面依法治国理论要求建立破产复权制度是应有之义，而破产复权制度及其配套制度的建立也能助力全面依法治国。

第一，破产复权制度的建立与塑造良好的营商环境密不可分③。良好的法治环境是首选的营商环境，健全的法律体系是基础。世界银行的《营商环境报告》中十项一级指标中有一个指标就是办理破产。目前国家鼓励创新创业，但是创新创业存在着风险，需要靠破产复权制度的建立解决创新创业失败的后顾之忧，弘扬企业家精神。此外，破产复权制度的建立需要以市场经济的建立为基础，而市场经济本身就是法治经济，需要适用法律去调整政府、市场、营商主体之间的关系，依法治国，依法执政，依法行政。政府的行政管理体制配合市场经济的需求，政府履职尽责依法办事，这样就能创造出良好的营商环境。

---

① 中华人民共和国国务院：《全面推进依法行政实施纲要》，http://jyt.hunan.gov.cn/jyt/sjyt/xxgk/zcfg/flfg/201702/t20170214_3990348.html，2021年7月20日访问。

② 《坚持依法治国、依法执政、依法行政共同推进，法治国家、法治政府、法治社会一体建设》，载人民网，https://baijiahao.baidu.com/s?id=1694339109872507212&wfr=spider&for=pc，2021年7月20日访问。

③ 周强：《最高人民法院关于人民法院解决"执行难"工作情况的报告》，载全国法院切实解决执行难信息网，http://jsxx.court.gov.cn/main/SupremeCourt/129053.jhtml，2021年7月15日访问。

第二，破产复权制度的适用与府院配合密不可分。在研究重点解决企业破产产生的自然人连带责任担保债务问题上需要加强司法与行政的协调配合。破产复权制度的适用，也要求府院联动机制基本完善。个人破产涉及很多领域的社会问题，都是政府行使行政权力处理事务的管辖范围。但过往府院配合并不顺畅，政府大多认为破产案件属于法院的职责，破产程序和进度都由法院掌控，与政府无关。即便某些事务涉及政府管理的范畴，也是协助法院办理。在个人破产案件中，既存在同级但不同行政区划内的府院联动不畅，也存在相同行政区划内不同级的府院联动不畅，在破产案件的沟通和资源调配中都存在障碍。但在"三个共同推进"和"三个一体建设"的要求之下，府院均在法治化的轨道中运行，联动机制可以有效建立。这将极大促进常态化、市场化的司法与行政协调机制建立。

第三，破产复权制度的监督与信用机制的建立密不可分。《法治社会建设实施纲要（2020—2025年）》提到，要引导社会主体履行法定义务，承担社会责任，推进社会信用体系建设，这对破产复权制度监督机制尤为重要。作为法治政府，完善诚信建设必须建立长效机制，建立健全征信体制以及相关公示监督制度。对于失信者必须予以坚决惩治，并以相应的修复机制引导失信者自觉纠错。信用体系建设促使债务人选择适用个人破产制度解决债务问题，最终通过破产复权修复信用。

第四，破产复权制度的实施与全民法治意识的提升密不可分。法治国家、法治政府均重视个人债务的应对和处理。在2004年破产法草案提交到全国人大常委会审议时，由于中国传统欠债还钱的观念还有较大影响力，而且财产登记和征信体系尚处于雏形的状态，因此有关个人破产的条文被删除。时至今日，全民的法治意识有了巨大的提高。对于债权人来说，要学会理性表达诉求，运用法律解决债权债务问题，协调利益关系。对于债务人而言，要提升诚信意识和信用水平，自觉履行法定义务，主动承担社会责任。当全民法治意识提升后，就更会将债务清理纳入法治轨道，而不采用私力救济的行为，使得破产复权制度有更大的适用空间。

通过上述论述，我们可以明确个人破产复权制度的重要性。个人破产复权制度能够配合供给侧结构性改革的要求实现生产资源要素的有序进入退出，并与构建营商环境、加强府院配合、建立信用机制和提升全民法治意识都密不可分，完全符合"共同推进"和"一体建设"全面依法治国的要求，因此建立破产复权制度是回应中国的现实情况和人民迫切需求的必要手段。

三、个人破产的社会共识

近年来，在经济发达特别是民营经济发达的地区，民间资金需求旺盛，小微企业主公司制度不完善，很容易基于财务混同导致出现公司法人人格混同的情况，而一旦企业遭遇债务问题，企业主也会受到牵连。因个人破产复权制度缺失而导致问题暴露最多的地区便是长三角和珠三角地区。因此我国司法和立法部门愈加重视个人破产问题，并积极发声推进。2018年10月24日，最高人民法院原院长周强在《最高人民法院关于人民法院解决"执行难"工作情况的报告》中从民事案件角度解释了"执行不能"的原因，分析建立个人破产复权制度的必要性，提出现行的破产法需要进一步完善，案件执行不能的问题要下大力气予以解决。最高人民法院咨询委员会副主任杜万华也在《结合当前形势落实"纪要"精神，积极推进我国破产审判工作迈上新台阶》中建议全国人大常委会，立即开展个人破产法的调研工作并适时将其列入国家的立法规划，也可以考虑在修改企业破产法时，将企业破产法改为破产法，将个人破产、合伙企业等非法人组织的破产问题，纳入破产法的范围。[①] 2019年6月11日，最高人民法院发布《关于深化执行改革健全解决执行难长效机制的意见——人民法院执行工作纲要（2019—2023）》，2019年7月16日，国家发展改革委、最高人民法院等13部委印发了《加快完善市场主体退出制度改革方案》，从加强和完善市场秩序方面反映了对个人破产制度的现实需求，迫切需要"重点解决企业破产产生的自然人连带责任担保债务问题。逐步推进建立自然人符合条件的消费负债可依法合理免责，最终建立全面的个人破产制度"。2020年5月11日，中共中央、国务院在《关于新时代加快完善社会主义市场经济体制的意见》中要求"健全破产制度，改革完善企业破产法律制度，推动个人破产立法"。

---

① 杜万华：《积极推进我国破产审判工作迈上新台阶》，载人民法院报，http://rmfyb.chinacourt.org/paper/html/2018-10/31/content_145075.htm?div=-1，2021年8月10日访问。

四、个人破产的地方立法

历经了长久的理论研究和司法实践后，在国家政策大力推动之下，立法机关和司法机关、学术界共同协力，推进了个人破产复权制度立法工作的进程。各地也逐步开始了对个人破产复权制度的试点工作，既有地方立法的尝试，也有集中清理个人债务的实践。这对于大众创业万众创新的蓬勃发展，纾困因受新冠疫情影响的创业者都有极为重要的意义，在试点工作中取得的宝贵经验也可以为最终个人破产复权的立法提供依据。

地方立法方面，深圳经济特区以其特有的速度和勇气先行先试，一马当先。2019年1月20日深圳市为适应经济发展的需要，解决发展面临的涉及破产债务、阻滞经济发展的诸多问题，及早通过了《关于建立个人破产制度的立法议案》，2020年8月26日深圳率先通过了《深圳经济特区个人破产条例》，并自2021年3月1日起施行。2021年8月23日，深圳市市场监督管理局会同中级人民法院、破产事务管理署联合出台《关于建立破产信息共享与状态公示机制的实施意见》，该意见的出台反映了个人破产制度对建立完善个人信用配套制度的迫切需求；打破信息壁垒，实现多平台数据共享，提高破产案件办理效率，全方位、多渠道公开公示破产信息确保阳光运行；贯彻诚信免责，健全破产信用管理制度；优化营商环境，建立破产信用修复机制；保障信息权益，完善社会信用体系建设。该意见还特别提及要根据深圳中院推送的法律文书，落实破产复权制度，保障市场交易行为安全。

基于社会现实的需要，经过中国政府相关部门的引导和法学界、实务界长久的理论研究和实践积累，中国以试点的方式出台个人破产制度。我国首部个人破产地方立法的诞生具有诸多的历史必然性。从历史的时间纵轴来看，当今世界经济面临三大趋势：第一个趋势是逐渐步入长期债务周期的末端，难以用扩大信贷的方式继续刺激经济；第二个趋势是贫富差距和政治鸿沟，导致了民粹主义；第三个趋势是中国的崛起，面临着复杂的国际形势和经济形势。[1] 自2020年初开始暴发并蔓延到全球的新冠疫情，更是持续影响创业

---

[1] Ray Dalio：《从货币、信贷与债务看变化中的世界秩序》，载澎湃网，https://m.thepaper.cn/baijiahao_7150928，2021年10月20日访问。

者的企业生存环境和债务问题。从横向的地域优势来看，深圳是我国经济最为活跃的地方之一。深圳具有做核定征收的政策优势，除娱乐业以外，生产经营所得个人所得税为5%，为全国最低。

2018年深圳市新登记商事主体484550户，注销商事主体135683户，新登记个体工商户193584户，注销个体工商户88418户；2019年深圳市新登记商事主体505127户，注销商事主体262937户，新注册个体工商户204321户，注销个体工商户120315户；2020年新登记商事主体522427户，注销商事主体192274户，新注册个体工商户193721户，注销个体工商户95921户（见图2-2）。从以上数据可以看出，深圳在大众创业、万众创新的高速发展过程中，也有大量初创企业和个体工商户难以为继。如果管理者甚至其家属在经营过程中提供了债务担保，则很难有东山再起的机会，衍生的社会问题也日益增多。刘静教授认为："大量企业破产和个人失业导致的客观执行不能的局面依然僵持，生产力要素凝滞，既往政策和惯性措施的边际效应递减。内部的债务沉疴在疫情背景下对民生、经济稳定和未来复苏与发展能力的叠加削弱，全球经济下滑的严酷现状和内外经济失衡，在某种层面让深圳个人破产条例草案的出台更加契合国家的主流叙事和时代使命。"① 《深圳经济特区个人破产条例》的出台既符合时代的需要，也是勇于先行先试迎接挑战的结果。

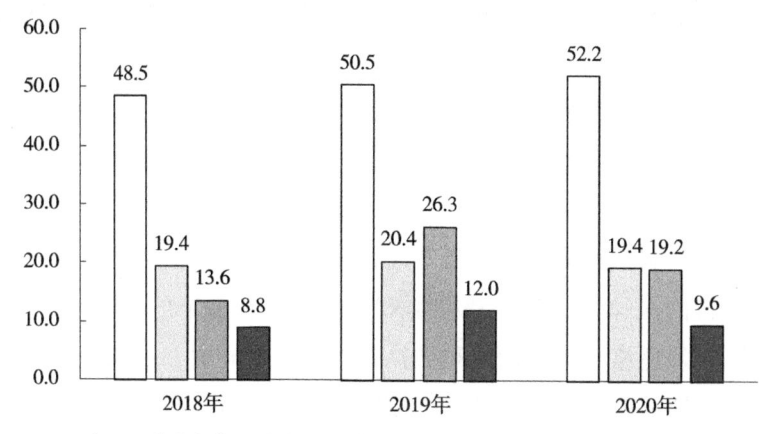

图2-2 2018—2020年深圳新登记及注销商事主体和个体工商户情况（单位：万户）

---

① 刘静：《〈深圳经济特区个人破产条例（草案）〉初评》，载搜狐网，https://www.sohu.com/a/403778167_689962，2021年9月10日访问。

第二节　个人破产复权制度的替代举措

一、民事强制执行程序的退出机制

在中国没有开始个人破产复权制度的试点等实践之前，对债务人主要依据执行程序的相关法律规定进行处理。在全国法院每年的 500 余万执行案件中，其中自然人无清偿能力执行不能案件比重较高。而此类案件的不断积累，对债务人重新回归社会造成阻碍，也影响到债权人利益的公平实现，不利于社会经济秩序的稳定。

梳理民事执行程序及个人债务清理的相关机制可以在未来更好完成执转破的转换。债务人不偿还债务大致分为三种情况。第一种情况是暂时无力偿还，此种情况下可以和债权人协商分期偿还或延期偿还。《中华人民共和国民法典》（以下简称《民法典》）第 678 条规定："借款人可以在还款期限届满前向贷款人申请展期；贷款人同意的，可以展期。"第二种情况是有能力却不进行偿还。第三种情况是永远无力偿还。但债权人仅凭借个人的能力，很难分辨出债务人是否属于诚实的债务人，有无财产可供执行。在后两种情况下，债权人基本都会选择到法院通过诉讼确认债权后申请强制执行，一般根据《最高人民法院关于人民法院执行工作若干问题的规定（试行）》第 16 条强制执行。进行强制执行的案件应具备以下条件：首先，具备执行依据，即申请或移送执行的法律文书已经获得生效确认，且有确定的给付内容；其次，申请执行人必须适格，执行标的和被执行人明确；再次，被执行人没有在法律文书确定的期限内履行给付义务；最后，受理申请执行的法院应当具有管辖权，能够依法管辖。人民法院可依据上述要件，在七日内分别作出立案或者裁定不予受理的结果。

进入强制执行程序，被执行人应该遵循法律规定的程序，并积极配合。法院会在一定的期限内给被执行人发送执行通知书和财产报告令，被执行人收到上述法律文书后,应与执行法官尽快取得联系,并按照法律文书上规定的要求报告自己现在的财产状况,包括债权债务关系等。同时被执行人还应该积极与债权人进行联系,争取达成和解,签订还款计划,以便获得债权人的谅解。

在执行实践中,由于没有个人破产复权的法律法规,实际上对债务人实行了无限追索。特别是债务人如果要证明自己确实无力偿还,一定要严格遵守财产报告制度。有些债务人虽然无力清偿巨额债务,但仍然要通过劳动获得工资维持自己及家属的基本生活。根据《最高人民法院关于人民法院民事执行中查封、扣押、冻结财产的规定》第3条第(二)项的规定,人民法院对被执行人及其所扶养家属所必需的生活费用不得查封、扣押、冻结。法院可强制执行工资的额度=月工资-(当地最低工资额+债务人需抚养人员的基本抚养费)。由于这种执行力度给债务人带来较大的压力,也看不到重返正常生活的希望,所以债务人一般不会主动履行财务报告制度,这又导致其被列入失信执行人的名单之中。在无限追偿的情况下,原本极为重要的评判债务人是否属于"诚实而不幸"的前提被弱化了,将一部分原本想清偿部分债务的债务人也转化成为恶意的债务人。

在一段时间内,法院如果无法查找到被执行人可供执行的财产,债权人也无法提供其可供执行的财产线索,就会进行"终本",即裁定终结本次执行程序。根据《最高人民法院关于执行案件立案、结案若干问题的意见》第16条的规定,终本不是程序的完结,只是暂时退出本次执行程序,是一种结案方式而已,因为《执行裁定书》注明:如发现可执行财产线索,随时可以向法院申请,对债权人恢复执行。[①] 终结本次执行程序,会在《执行裁定书》

[①] 《最高人民法院关于执行案件立案、结案若干问题的意见》第16条规定:"有下列情形之一的,可以以终结本次执行程序方式结案:(一)被执行人确无财产可供执行,申请执行人书面同意人民法院终结本次执行程序的;(二)因被执行人无财产而中止执行满两年,经查证被执行人确无财产可供执行的;(三)申请执行人明确表示提供不出被执行人的财产或财产线索,并在人民法院穷尽财产调查措施之后,对人民法院认定被执行人无财产可供执行书面表示认可的;(四)被执行人的财产无法拍卖变卖,或者动产经两次拍卖、不动产或其他财产权经三次拍卖仍然流拍,申请执行人拒绝接受或者依法不能交付其抵债,经人民法院穷尽财产调查措施,被执行人确无其他财产可供执行的;(五)经人民法院穷尽财产调查措施,被执行人确无财产可供执行或虽有财产但不宜强制执行,当事人达成分期履行和解协议,且未履行完毕的;(六)被执行人确无财产可供执行,申请执行人属于特困群体,执行法院已经给予其适当救助的。"

中注明如果债权人发现债务人可供执行的财产线索，可随时向法院申请恢复执行。债权人也可以通过与债务人有联系的其他人员，密切关注债务人的财产变化情况，一旦发现财产的线索可以随时向法院提供。申请恢复执行的期限和次数不受限制。债务人一日不还清债务，法律都会保护债权人的利益，尽管这种保护更多是形式上的。

在符合《最高人民法院关于执行案件立案、结案若干问题的意见》第17条及《中华人民共和国民事诉讼法》第257条规定的情况下，人民法院也可能裁定终结执行。从法理上分析，终结执行应该是对执行案件彻底性的退出方式。但由于在中国传统法律文化中欠债还钱的观念根深蒂固，因此在法律法规中执行终结仍然存在可以再次申请执行的情形。这些规定散见于《中华人民共和国民事诉讼法》第520条、《最高人民法院关于执行案件立案、结案若干问题的意见》第6条、《最高人民法院关于执行和解若干问题的规定》第9条中。在执行实践中，申请人在法定期限内对已撤销的申请又提出申请，经过再审的案件改判，发现被执行人有新的财产可以执行，或者有遗产、有继承人等，以上情况可以导致执行终结后继续恢复执行，实务中的判定也容易与终结本次执行的界限含混不清。

在现有法律框架之下，仅仅因为"没有还款能力"是不能将债务人列入失信名单的，必须是对未偿还债务有故意过错行为，以逃避债务为目的，具备惩戒条件者，才会被列入失信人员名单。对于债权人而言，如果想尽快解决问题且尽可能实现自己的债权，并不应该一味要求执行法官去做强制执行，对于核查后确实没有财产可供执行的债务人，在综合判断其态度不属于恶意的情况下，可以采用类似破产和解的办法进行执行和解。《最高人民法院关于执行和解若干问题的规定》第1条规定："当事人可以自愿协商达成和解协议，依法变更生效法律文书确定的权利义务主体、履行标的、期限、地点和方式等内容"。在执行实务中，执行和解有两种和解协议：一种被称为执行和解，另一种被称为执行外和解，两种形式的效用有别。执行和解协议是指在人民法院主持下，根据《中华人民共和国民事诉讼法》第230条之规定，申请执行人和被执行人自愿协商后达成和解，双方签名或盖章确认后提交至法院，根据《最高人民法院关于执行和解若干问题的规定》第2条就可以中止执行。或者根据《最高人民法院关于适用〈中华人民共和国民事诉讼法〉的解释》，由申请执行人撤回执行申请，由人民法院裁定终结执行。执行外和解协议则是当事人之间自行达成协议但未提交到人民法院，或一方当事人提交至人民法院但其他当事人不予认可的和解协议，这种情况下双方并未达成对执行程序共同的意思表示，因此仅产生实体法上的效果，如被执行人要以此中止执行程序，则必须另行提出执行异议之诉。

至于和解协议中如何才能更好地平衡债权人和债务人的利益，可以从以下几方面入手。第一是债权人在了解债务人的真实财产情况后，要认识到债务人并非属于恶意不清偿，债权人应该通过与债务人的沟通和协商，达成双方能接受并能够切实执行的还款方案，签订执行和解协议。在债务人主动清偿的情况下，债权人可以做一些让步，放弃掉部分债权或者延长清偿的期限。第二是作为债务人要积极考虑多种清偿的途径，包括以物抵债、以工抵债，或者以未来的收益抵债，切实考虑债权人的立场，体现出积极的态度。第三是如果是因为疫情等社会环境巨大变化而导致的债务问题。可以考虑债务人再次创业的可能性，以债权转化股权的方式让债务人在困难境地之后再次返回经济生活，也为其增强还款能力提供帮助。

总之，我们通过上述针对债务人强制执行的法律规定可以看出，由于执行程序是对个人债务人进行无限追索，因此带来了相当大的执行困扰，耗费了大量的司法资源。因而需要完善执行不能案件的退出机制。在目前强制执行和个人破产制度尚未能形成有效对接的空档期间，我们首先要明晰债权人和债务人之间的关系，实务中需要征询双方意愿，尽可能从执行程序和和解协议两个方面入手，促进双方达成切实执行的还款承诺，防止执行案件久拖不决，最终过渡到由强制执行转个人破产的衔接机制，这对化解执行难问题和推进供给侧结构性改革都具有十分重要的意义。

二、失信名单与限制令的解除程序

在民事执行程序中，有能力履行却拒不执行人民法院的生效判决和裁定的债务人，国家相关部门出台了针对此种债务人的信用惩戒措施，即可以通过将其列入失信被执行人名单系统，限制其生活各方面，并报人民银行将其录入个人征信系统，而这种限制和解除限制的程序被个人破产的失权和复权制度充分吸收。

国家出台此项政策，是为了通过信用惩戒措施给被执行人以压力，不仅给其生产生活增加麻烦，还给日常出行加以限制，督促其主动积极地履行债务，以便恢复其被限制的权利。《最高人民法院关于公布失信被执行人名单信息的若干规定》第1条规定了信用惩戒的条件："（一）有履行能力而拒不履行生效法律文书确定义务的；（二）以伪造证据、暴力、威胁等方法妨碍、抗拒执行的；（三）以虚假诉讼、虚假仲裁或者以隐匿、转移财产等方法规避执行的；（四）违反财产报告制度的；（五）违反限制消费令的；（六）无正当理由拒不履行执行和解协议的。"

由此可见，必须具备以上条件的被执行人才能列入失信人员名单，并受到相应的惩罚。就债权人而言，是对其债权的保护，也是一种精神抚慰。要将失信被执行人员列入失信人员名单，目前主要有两种情况，一种情况是申请执行人一旦发现被执行人具备失信行为，为了保护自己的债权能实现，可以申请法院将被执行人列入失信人员名单，使其处于受限状态、"限高"状态，消退其侥幸心理，使其逃躲行为失效，逼迫其偿还债务。另一种情况是人民法院认为被执行人有失信行为，决定将其列为失信人员。被执行人被列入失信人员名单之后，将受到信用惩戒和消费限制，对其社会经济生活形成威慑力。信用惩戒主要依托强大的社会信用体系，整合各种大数据平台资源，联动政府相关部门、金融监管机构、金融机构、承担行政职能的事业单位及行业协会等，对失信被执行人进行一系列的资格限制。涉及政府采购、招标投标、行政审批、政府扶持、融资信贷、市场准入、资质认定等诸多方面，国家工作人员、人大代表、政协委员等被纳入失信被执行人名单的，失信情况将通报其所在单位和相关部门。在强大的信用体系支撑下，信用惩戒迫使被执行人履行债务，惩戒作用得以充分发挥。所以社会信用制度是个人破产制度重要的配套制度。

消费限制是人民法院对失信被执行人日常生活的吃、住、行予以消费额度的限制。使其在没有偿还债务的情况下，失去享受高档经济生活的自由，是针对"老赖"发出的"限制高消费令"。《最高人民法院关于限制被执行人高消费及有关消费的若干规定》第3条列举了9种高消费和非必需消费行为，对被执行人予以限制。①消费限制一定程度上动摇了失信人员逃躲债务的初衷，甚至违背希冀，生活品质倒退，动摇其逃躲债决心，消费惩戒功能实现。

执行中的信用惩戒和高消费限制的相关内容基本被个人破产制度中的失权制度所吸收，也影响到失权范围和复权范围的划定。移出失信被执行人名单的前提条件和程序也同样应该被破产复权制度所借鉴。《最高人民法院关于公布失信被执行人名单信息的若干规定》第10条反映了相关的程序规定："（一）被执行人已履行生效法律文书确定的义务或人民法院已执行完毕的；（二）当事人达成执行和解协议且已履行完毕的；（三）申请执行人书面申请删除失信信息，人民法院审查同意的；（四）终结本次执行程序后，通过网络执行查控系统查询被执行人财产两次以上，未发现有可供执行财产，且申请执行人或者其他人未提供有效财产线索的；（五）因审判监督或破产程序，人民法院依法裁定对失信被执行人中止执行的；（六）人民法院依法裁定不予执行的；（七）人民法院依法裁定终结执行的。有纳入期限的，不适用前款规定。纳入期限届满后三个工作日内，人民法院应当删除失信信息。"人民法院依法裁定终结执行后，应当在三个工作日内删除失信信息。

根据不同的情形，解除高消费限制既可以由申请执行人主动作出，也可以由人民法院依职权作出，破产复权制度应该充分借鉴这些制度。上述规定主要是针对限制高消费黑名单的解除程序，我们还需要在破产复权的制度建构中设计更精细的复权程序的运行规则，但一些共同的法律理念可以借鉴。

三、个人债务集中清理的终结执行

2019年，浙江省温州市中级人民法院办理的一起企业破产案，判蔡某应对温州某破产企业所承担的214万余元债务负连带清偿责任。因为蔡某是该

---

① 《最高人民法院关于限制被执行人高消费及有关消费的若干规定》第3条规定："被执行人为自然人的，被采取限制消费措施后，不得有以下高消费及非生活和工作必需的消费行为：（一）乘坐交通工具时，选择飞机、列车软卧、轮船二等以上舱位；（二）在星级以上宾馆、酒店、夜总会、高尔夫球场等场所进行高消费；（三）购买不动产或者新建、扩建高档装修房屋；（四）租赁高档写字楼、宾馆、公寓等场所办公；（五）购买非经营必需车辆；（六）旅游、度假；（七）子女就读高收费私立学校；（八）支付高额保费购买保险理财产品；（九）乘坐G字头动车组列车全部座位、其他动车组列车一等以上座位等其他非生活和工作必需的消费行为"。

企业的股东，另外在企业破产清算时，该公司账目处理存在不规范问题，公司债务与个人债务混杂在一起，作为管理人员蔡某负有责任，进而认定蔡某应该负连带责任。蔡某现持有瑞安市某机械有限公司1%的股票，实际出资额5800元；每月有该公司的工资收入4000元，有零星存款；其妻子胡某月收入4000元。家庭经济长期入不敷出，确无能力清偿巨额债务。平阳法院于2019年8月12日立案受理蔡某个人债务集中清理案，温州诚达会计师事务所被指定担任管理人。

清理方案：蔡某按清偿比例（1.5%）在18个月内一次性清偿3.2万元；蔡某家庭收入超过12万元时（清偿履行完毕之日起六年内），超过12万元的50%将用于清偿全体债权人未清偿债务；清偿履行完毕之日起满三年后，蔡某恢复个人信用。2019年9月27日，平阳法院签发了行为限制令：在恢复个人信用前，蔡某不得违反《最高人民法院关于限制被执行人高消费的若干规定》第3条的规定；不得担任营利性公司的法定代表人等4条限令。平阳法院同时终结了对蔡某在个人债务清理所涉案件中的执行。①

此案是最高人民法院提出推动建立"个人破产制度"之后产生的个人债务清理案例，有学者认为其具备个人破产的实质功能，称之为内地破产第一案。但该案主要是在执行阶段做个人债务的集中清理，本质上没有法律依据，是债权人与债务人之间达成合意减免债务的行为，还不能算有名有实的个人破产案件。行为限制令中的失权内容主要是消费限制以及某些任职资格的限制，未涉及对破产复权的具体要求和复权程序。

该案4名债权人通过参与集中清理程序，充分了解并确认债务人诚信的前提下，谅解并表决通过方案，同意保留蔡某必要的生活费和医疗费，并自愿放弃对剩余债务的追偿权。债务人欠214万元还3.2万元，并承诺在债务清理方案履行完毕后6年内，满足条件情况下会对全体债权人尽力清偿，债权人放弃对其未受清偿的债务的追偿权，体现了债务豁免的内容，也是蔡某作为债务人执行债务人集中清理程序的直接动力。方案明确蔡某若违反相关承诺，债权人可以请求恢复按照原债务额进行清偿。法院签发的行为限制令

---

① 《全国首例个人债务集中清理案件在浙江温州办结》，载全国法院切实解决执行难信息网，http://jszx.court.gov.cn/main/ExecuteNewsletter/243225.jhtml，2021年7月20日访问。

是在程序执行期间对蔡某权利的限制（失权措施），因蔡某的案件主要着力在个人债务清理及完结，法院使用的这种复权制度应理解为当然复权，对于复权的条件以及程序设置得较为简单。

目前，全国尚未颁布统一的个人破产法，但全国部分地区出台了在民事执行程序中进行个人债务集中清理的相关规定，在一定程度上缓解了缺乏个人破产复权规定的困境。例如浙江台州在2019年5月8日出台了《执行程序转个人债务清理程序审理规程（暂行）》，主要适用于中小数额的债务清理，在实施过程中作用发挥效果良好。

2020年12月3日，浙江省高级人民法院发布《浙江法院个人债务集中清理（类个人破产）工作指引（试行）》，区分诚实而不幸的债务人与不诚实的债务人，实行对诚实而不幸的债务人相对宽松的个人债务清理制度，债务人在考察期内履行人民法院作出的限制行为决定规定的义务，法院在经过考察期或管理人提出申请后可裁定终结执行。终结执行后债务人不再受行为限制义务的约束，即等同于个人破产复权。

2021年12月23日，成都市中级人民法院发布《成都市中级人民法院关于印发〈关于个人债务集中清理的操作指引（试行）〉的通知》（成中法发〔2021〕137号），适用主体的界定与《深圳经济特区个人破产条例》如出一辙。《关于个人债务集中清理的操作指引（试行）》规定"具有成都市户籍，在成都市居住并参加成都社会保险或缴纳个人所得税连续满三年"，以及在成都市登记注册的个体工商户，因生活困难、为破产企业提供担保等原因，导致到期债务不能清偿，并且现有资产不能清偿全部债务，或者明显清偿能力不足，可以申请个人债务集中清理。经强制执行后，债务人财产确不足以清偿全部债务的，经执征得债务人同意后，可以移送审查。属于债务集中清理范围。债务人执行完清理计划后，申请法院终结程序，法院收到申请后十日内，审查裁定终结集中清理程序，向社会公告，并以决定书的形式解除限制。

总体而言，这些关于个人债务集中清理的规定操作性强，将债权人申请执行和债务人被强制执行的单对单模式变成了集中清理模式，保障债权人公平受偿的同时重视债务人的权利，最终解除对债务人的行为限制以促进其经济再生，事实上也起到了个人破产复权类似的效果，其实践的效果需要在未来立法中予以考量。

第三节 深圳个人破产条例的复权规定

一、个人破产的申请程序

自 2021 年 3 月 1 日《深圳经济特区个人破产条例》生效以后，截至 2021 年 9 月 30 日，深圳市中级人民法院的"深·破茧"系统共收到 755 件申请，正式启动破产程序 17 件。鉴于破产复权制度本身即是依附于个人破产制度的一项重要制度，我们亦有必要了解实务中深圳个人破产及复权的实践程序。

（一）破产申请的方式及程序

《深圳经济特区个人破产条例》规定的个人破产程序包括：破产清算、重整、和解程序。破产申请人可以是债务人，但限于居住在深圳的自然人且在深圳连续参加三年社会保险；破产申请人也可以是债权人，其债务人需居住在深圳且连续参加三年社会保险，债权人对债务人单独或共同持有五十万元以上到期债权。不管是债权人还是债务人提出申请，都要准备相应的材料，包括身份证、居住证、社保缴纳明细清单、纳税记录等，向深圳市中级人民法院提出申请，或通过深圳移动微法院的"深·破茧"小程序进行网络申请，由法院进行审核处理开展流程。大致的步骤如图 2-3 所示。

立案申请 ⇨ 立案受理 ⇨ 财产申报 ⇨ 债权申报 ⇨ 推荐管理人 ⇨ 清算、重整、和解程序

图 2-3 《深圳经济特区个人破产条例》规定的申请个人破产的步骤

（二）破产申请的情况

深圳市中级人民法院在个人破产实施首月，共收到 260 件个人破产申请。[1] 根

---

[1] 券商中国：《深圳个人破产实施满月！共收 260 件申请，8 人或迎"重生"！》，载百度网，https://baijiahao.baidu.com/s?id=1696969282556194338&wfr=spider&for=pc，2021 年 6 月 1 日访问。

据前期的报道，虽然《深圳经济特区个人破产条例》自 2020 年 6 月 2 日即对社会公开征求意见，在 2020 年 8 月 26 日由深圳市第六届人民代表大会常务委员会第四次会议通过，于 2021 年 3 月 1 日正式实施，并且在实施后经过了大量的宣传，但个人破产申请的数量相对于深圳这个体量的城市中有需求的人群来说，相对是偏少的。处于观望的债务人还是占多数，大多数债权人和债务人对适用个人破产程序的债务还存在一定的疑虑。

在这 260 件个人破产申请中，债权人申请破产的数量远远低于债务人申请破产的数量，仅占 3.46%，如图 2-4 所示。这说明欠债还钱的传统观念还是有相当大的受众群体。同时，对于债权人来说，只要债务人不破产，主体资格仍然存续。即便债务人暂时不能偿还债务，也可以持续地进行追索。所以债权人基于此种无限追索的权利，自然不愿意放弃实现债务的可能性。

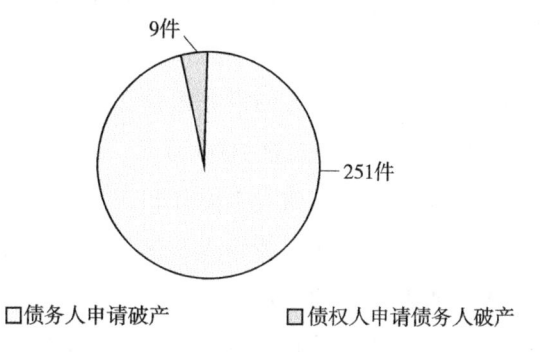

图 2-4 《深圳经济特区个人破产条例》实施首月不同主体破产申请数量

从申请目的看，仅有极小部分债务人希望通过重整、和解方式纾缓债务。其中破产清算申请 235 件，重整申请 17 件，和解申请 8 件，如图 2-5 所示。

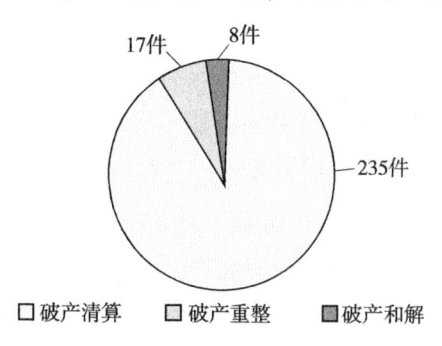

图 2-5 《深圳经济特区个人破产条例》实施首月不同破产程序申请数量

在债务人提交的251件破产清算申请中，债务人大多申报无财产或具有较少财产。申报无财产的有64件，其余申报的财产以现金及工资为主，只有小部分债务人申报有大宗财产，以不动产、车辆为主。总体上看，债务人可用于清偿债务的破产财产较少。正是因为破产财产难以清偿债务人所负担的债务，故很难通过未来可预期收入提出合理合法的重整计划方案，而债务人主要希望通过破产的方式经过考察期后依法免除未清偿的债务。这种情况在破产制度实施的初期也是可预测的。

从债务人的情况来看，74%的债务人年龄在30岁至50岁之间。职业多样化，既有市场经营者，也有各类公司职员及灵活就业人员等。债务人大多申报复合型债务，金融债权占比较高，申报多类型债务的占90%，债务类型涵盖信用卡借款、小额借款、银行借款、民间借款等，涉银行、网贷等金融债权的占94.8%。就债务数额来看，个人破产债务规模比较小，56%的债务人债务数额在100万元以内，30%的债务人债务数额在100万元至300万元之间，只有极少数债务人的债务超过1000万元。

如果债务人承担的多为借款等金融债权，则需要弄清其债务规模和破产原因的关系。如果没有证据证明债务人举债的用途，或者大笔借款超过个人经营负债，或者经查明其负债是由奢侈消费、过度投机、过度举债等情况引起，则这些债务人并不是诚实而不幸的债务人，不符合《深圳经济特区个人破产条例》的适用范围，也不能进行破产复权。

(三) 法院受理的依据

截至《深圳经济特区个人破产条例》实施首月，深圳市中级人民法院是持非常审慎的态度审核相关申请，审核成功率非常低。这主要是因为《深圳经济特区个人破产条例》首先吸引的可能是老赖群体，而该群体大多已久经考验——接受过无数次债主或催收公司的打击和"磨炼"，其抗压能力极强。因此，道德风险比其他任何群体都高。深圳市中级人民法院要从中挑选出"诚实而不幸"的债务人需要相当长的时间。此外，由于《深圳经济特区个人破产条例》实施不久，破产申请人对于申请程序及提交的材料还需要花时间去了解。数据显示，每件破产申请需要核对的信息条目多达26类，材料繁多，任务繁重。

截至 2021 年 12 月 1 日，笔者通过网络查询"全国企业破产重整案件信息网"和"深圳个人破产案件信息网"得知，深圳市中级人民法院公开的个人破产案件信息有 66 条，另有 10 个案件因"涉及个人隐私"选择不公开。公开案件的同时公开了指定管理人决定书、履行个人破产程序义务通知书及限制消费行为决定书等文件。

最终，深圳市中级人民法院按照"先易后难、稳妥推进，重整和解优先、案件类型全面"的原则，接受了 8 名个人债务人的破产申请，正式启动破产申请审查程序。法院重点考虑了 3 个方面的因素：①主要为中青年，全部有创业史，符合《深圳经济特区个人破产条例》鼓励创新，宽容失败，促使破产人回归社会经济生活的根本目的；②其中大多数债务人仍在工作，有清偿意愿和可能性，愿意进行破产重整和破产和解的程序；③债务规模相对较低，负债多为几十万元到一两百万元不等。

（四）失权及复权的实践情况

深圳市中级人民法院受理个人破产案件的失权处理情况可以查询深圳个人破产案件信息网上的法院公开文书获知。本书查询到的失权内容主要包括两份文书。第一份文书是《限制消费行为决定书》中依据《深圳经济特区个人破产条例》第 19 条、第 23 条之规定采取的限制消费行为措施，主要吸纳了"限高令"的内容，即除确因生活和工作需要并经人民法院同意外，债务人不得有下列消费行为：①乘坐交通工具时，选择飞机商务舱或者头等舱、列车软卧、轮船二等以上舱位、高铁以及其他动车组列车一等以上座位；②在夜总会、高尔夫球场以及三星级以上宾馆、酒店等场所消费；③购买不动产、机动车辆；④新建、扩建、装修房屋；⑤供子女就读高收费私立学校；⑥租赁高档写字楼、宾馆、公寓等场所办公；⑦支付高额保费购买保险理财产品；⑧其他非生活或者工作必需的消费行为。失权的期限自送达之日起执行，至法院解除限制消费行为之日予以复权为止。第二份文书是《履行个人破产程序义务通知书》，其义务包括《深圳经济特区个人破产条例》第 21 条、第 23 条、第 24 条、第 33 条、第 34 条、第 35 条、第 99 条以及其他相关规定的义务，直至根据《深圳经济特区个人破产条例》规定应当解除义务之日止。

破产债务人应承担的义务不完全等同于失权范围，其中部分内容可以作为义务的延伸。如《深圳经济特区个人破产条例》第21条第（六）项规定，借款一千元以上或者申请等额信用额度时，应当向出借人或者授信人声明本人破产状况，再如第33条规定，应如实申报债务人及其配偶、未成年子女以及其他共同生活的近亲属名下的财产和财产权益等。

复权文书则与失权文书相对应，起到解除失权限制的作用。深圳市中级人民法院会出具《解除限制消费行为决定书》，满足终结个人破产重整程序等预设的复权条件后，就依据《深圳经济特区个人破产条例》规定，作出解除限制消费行为的决定，并通知破产事务管理署。对于履行个人破产程序义务，则不专门出具文书，而是根据《深圳经济特区个人破产条例》规定在应当解除义务之日解除，履行义务相关情况在深圳市个人破产信息登记公开平台进行公示。

二、破产复权的总体规定

从当前实施的《深圳经济特区个人破产条例》来看，已经针对债务人的权利限制（失权）及复权的核心内容进行了规定。个人破产制度的目的是挽救"诚实而不幸"的债务人，而不是作为老赖逃避债务的手段。对债务人的权利限制及复权机制的建立及执行的实效，将成为个人破产制度能否存续的关键所在。

目前，《深圳经济特区个人破产条例》关于个人破产复权的规定主要有3个方面的内容。

第一个方面是破产复权的范围，债务人复权的范围其实是由权利限制的范围直接决定的。失权范围既是复权范围的基础，也是人民法院作出复权裁定的依据。根据深圳市人大常委会法工委发布的《〈深圳经济特区个人破产条例〉解读》，《深圳经济特区个人破产条例》主要从限制消费行为、限制职业资格、限制借款额度及承担相应义务等方面限制债务人的权利。《深圳经济特区个人破产条例》第23条规定的债务人不得有8种消费行为，主要是参照《最高人民法院关于限制被执行人高消费的若干规定》设计的。《深圳经济特区个人破产条例》第86条规定："自人民法院宣告债务人破产之日起至依照本条例裁定免除债务人未清偿债务之日止，债务人不得担任上市公司、非上市公众公司和金融机构的董事、监事和高级管理人员职务。"第21条第（六）项规定："借款一千元以上或者申请等额信用额度时，应当向出借人或者授信人声明本人破产状况。"除此以外，第21条、第22条、第33条、第34条、第35条、第99条等还规定了债务人及其配偶、子女、共同生活的近亲属等的申报义务，也应作为其权利受限的延伸。

第二个方面是针对债务人在重整程序中的权利限制进行解除。《深圳经济特区个人破产条例》第124条规定："人民法院裁定批准重整计划的，应当同时作出解除限制债务人行为的决定，将决定书送达债务人，并通知破产事务管理部门。"

第三个方面是针对债务人在清算过程中关于考察期届满的规定，根据债务偿还数量配合考察期长短，界定了"视为考察期届满"的3种不同情形。《深圳经济特区个人破产条例》第100条规定："（一）债务人清偿剩余债务或者债权人免除债务人全部清偿责任的；（二）债务人清偿剩余债务达到三分之二以上，且考察期经过一年的；（三）债务人清偿剩余债务达到三分之一以上不足三分之二，且考察期经过二年的。"第101条规定："管理人应当对债务人是否存在不得免除的债务以及不得免除未清偿债务的情形进行调查，征询债权人和破产事务管理部门意见，并向人民法院出具书面报告。"

总体而言，《深圳经济特区个人破产条例》中对于复权制度的立法有所涉及，虽在一定程度上弥合了个人破产中法治逻辑的断裂，体现了中国法治理念的进步，但囿于该制度毕竟只是在特定的时间节点及区域中对中国破产法先行先试的改革，在制度的具体设计及与相关制度的接驳方面还有较多可比较、借鉴和完善的内容。

此外，由上述总结的相关规定可以看出，不管是破产清算程序中的复权制度，还是破产重整程序中的复权制度，即使满足相关条件，也须法院同意，破产人才可以复权，可见《深圳经济特区个人破产条例》实行的是许可复权主义。

三、破产复权的基本程序

根据《深圳经济特区个人破产条例》，目前对于失权有职业资格限制措施、借贷额度限制措施、限制消费措施，根据不同的破产程序加以适用。

（一）破产清算程序

在破产清算程序中，职业资格限制措施、借贷额度限制措施在免除债务人未清偿债务之日终止并复权。而限制消费措施因为法院专门出具了《限制消费行为决定书》，需要由法院解除，解除之日终止限制并复权，但事实上《深圳经济特区个人破产条例》第101条，根据债务人申请和管理人报告，裁定是否免除债务人未清偿债务的同时作出解除对债务人行为限制的决定，也即是同时复权的，只是可能在实践中会根据程序存在短暂的时间间隔。

1. 失权已届期限

针对经过考察期而复权的情况，《深圳经济特区个人破产条例》给出的标准是3年，自人民法院宣告之日起计算，这是一般失权期限。如果违反限制行为决定规定的义务，考察期延长，但延长期限不超过2年。

2. 免除剩余债务

考察期届满，债务人可以向人民法院申请免除剩余债务。债务人符合下列情形之一的，视为考察期届满：①债务人清偿剩余债务或者债权人免除债务人全部清偿责任的；②债务人清偿剩余债务达到三分之二以上，且考察期经过一年的；③债务人清偿剩余债务达到三分之一以上不足三分之二，且考察期经过二年的。

（二）破产和解程序

在破产和解程序中，主要涉及《深圳经济特区个人破产条例》第21条第（六）项的借贷额度限制，限制期限为人民法院裁定受理破产申请之日起至依照条例裁定免除债务人未清偿债务之日止。第142条规定了复权条件："人民法院经审查认为和解协议符合本条例规定的，应当裁定认可和解协议并终结和解程序。上述裁定书自裁定作出之日起五日内送达债务人、参与和解的债权人，并予以公告。自和解协议执行完毕之日起十五日内，债务人可以向人民法院申请免除其未清偿的债务。"

（三）破产重整程序

破产重整程序所涉及的限制措施主要是借贷额度限制措施及限制消费措

施。而复权的条件则分别规定于第 124 条"人民法院裁定批准重整计划的,应当同时作出解除限制债务人行为的决定,将决定书送达债务人,并通知破产事务管理部门",以及第 129 条"自重整计划执行完毕之日起十五日内,债务人可以向人民法院申请免除其未清偿的债务"。

破产清算程序、破产和解程序和破产重整程序失权限制及考察期限见表 2-1。

表 2-1 三种破产程序失权限制及考察期限

限制	适用的破产程序	期限
职业资格限制措施	破产清算程序	法院宣告债务人破产之日起,至免除债务人未清偿债务之日止
借贷额度限制措施	破产清算、重整与和解程序	自法院裁定受理破产申请之日起,至裁定免除债务人未清偿债务之日止
限制消费行为措施	破产清算程序和重整程序	自法院作出限制债务人行为的决定之日起,至作出解除限制债务人行为的决定之日止

四、制度实施的实践情况

(一) 深圳破产重整第一案

深圳市中级人民法院于 2021 年 7 月 19 日在深圳个人破产个人信息网公布了一起个人破产重整案件的终结裁定书,该案是《深圳经济特区个人破产条例》实施后的首例个人破产案件,具有典型意义。

1. 案情简介

梁某是一名"80 后"产品结构工程师,拥有两项专利。2018 年 6 月,梁某在家人和朋友的鼓励下,开启了创业之路。梁某不懂市场运营导致后来资金短缺,网络借贷、垫资模式使其陷入债务困境,无法清偿借款。梁某及妻子努力工作共同还债,但仍然被催债电话搞得焦头烂额,无法恢复正常的生活及经营。之后,梁某向深圳市中级人民法院申请个人破产重整。

2. 处理方案

鉴于梁某属于"诚实而不幸"的创业者典型代表，债务均是因创业而负担，梁某与其配偶名下无房产，租房居住。梁某本人在申报财产时配合了申报义务。破产管理人核实了夫妻二人的银行流水、房屋租赁合同、其子女的学杂费单据等，确认梁某已如实申报财产。2021年6月22日，梁某将重整计划草案提交第一次债权人会议，经会议设普通债权组表决通过了豁免财产清单。表决同意重整计划草案的债权人8家，占普通债权组出席本次会议有表决权9家债权人人数的88.89%；表决同意重整计划草案的8家债权人所代表的债权额为514672.36元，占普通债权组债权总额的91.22%。重整计划草案获得债权人会议通过。值得注意的是，如果按照破产清算程序，则普通破产债务仅有33.34%的受偿率。相比之下，破产重整普通破产债务88.73%的受偿率显然取得了更好的效果。2021年7月2日，梁某向法院申请批准重整计划，其主要内容包括：截至破产申请提出之日，债务总额约为75万元；在法院受理梁某的个人破产申请当日停止计息；梁某夫妻以自身收入进行共同清偿，三年还清欠所有债权人的本金约50万元；未来三年，梁某夫妻每月豁免财产清单上7700元基本生活费后，其他所有收入均用于偿还债务；梁某如期清偿完债权人本金，免于偿还利息和滞纳金；否则，债权人有权申请对其进行破产清算。

破产失权方面，深圳市中级人民法院签发了《限制消费行为决定书》，依据《深圳经济特区个人破产条例》第19条、第23条之规定采取限制消费行为措施。此外还签发了《履行个人破产程序义务通知书》，要求梁某严格履行《深圳经济特区个人破产条例》第21条、第23条、第24条、第33条、第34条、第35条、第99条以及其他相关规定的义务，其中部分条款涉及权利限制内容。

3. 评析

案件中的梁某拥有独立知识产权，工作努力，还款意愿强烈。《深圳经济特区个人破产条例》第106条规定："有未来可预期收入的债务人，可以依照本条例向人民法院申请重整。"因此，深圳市中级人民法院引导债务人进入破产重整程序，平衡了债权人和债务人的利益，避免债权人的合法债权损失过大。对于债权人而言，由于债务人偿债意愿积极，本金受偿率100%，节省了大量的催收资源，也提醒以后债权人再进行信贷风控时要注意债务人破产的问题。最后，该案件严格按照《深圳经济特区个人破产条例》的规定进行，签发的文件中包括了失权的内容。同时对于复权的前提条件和程序都规定得更加详细因而具有可操作性，彰显了破产程序的完整性。

(二) 深圳破产和解第一案

1. 案情简介

债务人张某，曾担任某公司的法定代表人，并且为一笔数额较大的公司经营性贷款提供了连带责任担保，经过法院多次强制执行未能全额清偿。现年76岁的张某主要收入来源是退休养老金以及高龄津贴，每月法院扣划执行款项后划转其生活保障费。《深圳经济特区个人破产条例》颁布实施后，2021年6月7日，张某向深圳市中级人民法院提交个人破产和解申请。7月6日深圳市中级人民法院经过听证程序，裁定受理，指定某律师事务所担任破产管理人，债权人如期申报了债权。

2. 处理方案

张某诚实主动申报财产，经管理人认真审核要件并进行确认，张某就97万元债务与债权人达成和解：张某一次性支付5.2万元后，剩余未清偿债务予以免除。经张某申请，2021年10月8日，深圳市中级人民法院裁定终结个人破产程序，由管理人监督和解协议履行。

3. 评析

本案中的张某是典型的"诚实而不幸"的债务人，从负债原因来看是为经营公司承担连带保证责任所致，并非过度消费的个人破产人；从其履行清偿责任来看，除拍卖房产全力还债，还用养老金还债。债务人在适用破产和解程序中，同债权人积极配合，获得谅解支持。债权人在充分了解债务人的负债缘由、财产情况、还款历史、偿债能力，并综合研判后，同意了和解协议，对剩余债务进行豁免。这在一定意义上，体现了债权人能够充分对债务人进行人道关怀，同时也表明债权人能理解个人破产制度法经济学的意义，节约了自身无意义追偿的成本。该案真正实现了个人破产复权制度"使诚实而不幸的债务人得以再生"的构建目标。

(三) 深圳个人清算第一案

1. 案情简介

2021年6月9日，呼某因资不抵债，向深圳市中级人民法院提交个人破产清算申请。呼某经营的某文化发展有限公司因租赁场地公司的倒闭而受影响关闭，导致呼某负债480余万元。呼某卖掉唯一住房还债260万元，尚负债100余万元。呼某2013年离异，独自抚养女儿，目前每月有劳务收入5000元。深圳市中级人民法院审查认定呼某符合宣告破产的条件。同年11月8日，深圳市中级人民法院裁定宣告其破产。①

2. 处理方案

呼某有为期3年的免责考察期，自2011年11月8日起计算，呼某遵守限制消费行为规定，接受管理监督，每月申报个人收支状况，扣除必要支出后，其余收入全部用于偿还债务。免责考察期满后，深圳市中级人民法院将视其表现，裁定是否免除其未清偿债务，解除限制行为，予以复权。

3. 评析

该案中呼某不具备还款能力，在双方议定豁免财产清单之后，债权人会议经过表决同意豁免财产清单。呼某负债原因是经营损失所致，经审核确认资产不足以清偿全部债务，符合宣告破产的条件。如果为期3年的免责考察期能顺利通过，呼某将得到重生，也能避免恶意破产的情况发生。

(四) 总体评价

通过上述三种破产程序的案件，已经在个人破产复权制度中作出了相当有益的探索，也折射出很多亮点。主要体现在以下两个方面：

其一，从数量方面看，深圳在实行《深圳经济特区个人破产条例》的首月即收到260余件申请，直至两个半月之后法院才裁定受理，案件按照严格的破产申请条件和资格进行审查。截至2021年9月30日，深圳市中级人民法院共收到个人破产申请755件。部分"诚实而不幸"的债务人通过个人破产

---

① 个人破产案件审判信息公开（第011期）：(2021) 粤03破417号（个11），https://mp.weixin.qq.com/s/0HxOWvOCVnkc1QLqtv4erQ，2021年11月20日访问。

制度从债务中得以解脱。个人破产制度的立法目的，就是挽救本身无能力清偿债务的善良债务人，在满足一定条件下免除债务，降低其创业失败的成本，使其重返社会经济生活。

其二，从程序选择上看，选取三种破产程序适用的典型案件，主要是为了比较个人破产程序的选择因素。《深圳经济特区个人破产条例》提供的清算、重整与和解三种程序，适用于不同情况的债务人。债务人作何选择，需要结合不同程序的要求进行。在破产清算程序中，债务人的财产均纳入破产财产，进行全面的清偿，无财产管理权，对个人信用和营业事务影响最大，行为上的限制也最为严格。就呼某案公布的豁免财产清单而言，仅保留了基本生活和职业所需的有限财产，学习生活用品，财产残值仅 3950 元，每月在扣除应缴纳的社会保险费后保留的必要生活支出为 3787 元，其余财产如全部不动产、机动车等均由管理人接管。破产和解程序中，债务人和债权人自行协商，法院仅对和解过程的合法性和规范性进行审查，只要全体债权人能够与债务人达成和解协议，人民法院予以认可。在前文提及的张某破产和解案件中，债务人已经 76 岁高龄，20 多年前的债务至今无法执行到位，已经基本不具备再通过预期收入清偿债务的可能性。债权人也是本着同情债务人的考虑，象征性进行清偿后，将剩余未清偿债务予以免除。而梁某之所以选择了破产重整程序，是因为梁某不但年轻，而且有未来可预期的收入。个人破产重整程序可能使债务人保留住房等不动产和特定的豁免财产，甚至可以授权债务人继续营业。

适用的破产清算程序不同而导致复权要求也有很大不同。选择破产重整程序后，人民法院裁定批准重整计划并应当同时作出解除限制债务人行为的决定，批准重整计划即复权。如选择破产清算，一种情况是在破产宣告前债务人或者第三人清偿全部到期债务的，人民法院裁定终结破产程序并应当同时作出解除限制债务人行为的决定，即复权。另一种情况是经过三年最长考察期或者符合清偿剩余债务比例的，人民法院根据债务人申请和管理人报告，裁定是否免除债务人未清偿债务，同时作出解除对债务人行为限制的决定而复权。选择破产和解的，人民法院经审查认为和解协议符合条例规定，应当裁定认可和解协议并终结和解程序。破产和解的达成就导致债务人公私法上的权利限制暂时解除，即为复权。破产债务人不论选择哪种破产程序，其目的仍然是免责后最终实现复权，回归正常的社会经济生活，这是复权制度需要重点考虑的因素。

因此，本书认为，诚实而不幸的债务人和债权人都需要结合自身年龄、债权数额、财产情况、未来收入、偿债能力、考察期、复权要求等多方面因素考虑适用的破产程序，作出最有利于自身的决策。而相关部门也应在充分考虑上述因素的前提下，为债务人制定便于复权，更适合债务人未来发展的精细化破产方案。

第四节　台湾和香港地区个人破产复权制度概况

一、台湾地区个人破产复权制度

台湾地区深受大陆法系的影响，采用了民商合一的立法例，故破产主体也同样采用了一般破产主义。值得大陆地区借鉴的是其立法体例的变化，2005年之后，出现了为数众多的普通消费者因为过度消费，导致无力偿还信用卡债务的案例，台湾地区认为，当时社会上积欠债务不能清偿的消费者为数众多，所生社会问题日益严重，因此有定消费者债务清理专法之必要。加之受到美国、日本等国专门对消费者保护法理的研究和法规制定的影响，制定了独立的"消费者债务清理条例"，其中第2条明确消费者是指5年内未从事营业活动或从事小规模营业活动的自然人，也就是一般民众和受雇者。如果经营的公司行号每月平均营业额超过20万元则不视为小规模营业活动。从而构成了消费者与商人破产并行的立法体例。台湾地区为减少传统法律文化中对个人破产污名化的影响，避免法官带有偏见地进行裁量，削弱了法官在某些破产条款上的自由裁量权。

对于破产复权的范围，台湾地区通过分散规定的形式进行了规范。"消费者债务清理条例"中如果适用更生程序，根据第62条第2款给予较轻的生活限制，几乎不进行职业限制。在清算程序中，按照第89条规定破产债务人不得超过一般人通常生活，离开居住地需法院许可。第84条明确其他法令关于破产人资格、权利限制之规定在清算程序开始后对债务人适用。所谓"动员戡乱时期公职人员选举罢免法"第 34 条第 5 款规定被破产宣告的当事人没有复权前不能被登记为候选人。所谓"证券交易法"第 53 条第 1 款规定法人被宣告破产的，在破产程序终结后，尚未满 3 年的；履行和解协议前，破产人时任董事、监察人、经理人的，不能任证券商的董事、监察人、经理人。如果已经担任职位的，则解除任职并由主管机关函告撤销登记。第 54 条规定，未经复权的人，不得受雇于证券营业业务。所谓"公司法"第 66 条规定作为无限公司的股东，如有破产事件发生，该股东从公司退股。所谓"民法"第 687 条规定，如果合伙人成为破产人，同样也要退出合伙。"当铺工农业管理规则"第 4 条规定，尚未复权的，不得申请经营当铺业。此外，对尚未复权者，所谓"律师法"、"会计师法"和"商务仲裁协会组织及仲裁费用规则"均有不得从业的规定，甚至可能被宣告撤销该资格。

破产人如果希望复权应将复权申请提交法院。台湾地区所谓"破产法"第 150 条规定，如果债务人清偿完毕或者减免全部债务，应向法院提交复权申请，如果破产人虽然未能减免全部债务，但是也没有因诈欺破产、和解受到刑事处罚，那么破产终结三年后可以提出复权申请。并特别明确复权是指解除其他法令对于破产人所加公权及私权的限制。综上所述，台湾地区对破产债务人的资格限制多且繁复，也在一定程度上体现了台湾地区在我国传统法文化影响下将不能偿还债务者视为不道德者。

二、香港地区个人破产复权制度

香港地区长期受到英国法律的影响，较早就有应用成熟的破产制度。个人和公司分别进行破产立法。在充分借鉴英国破产法成熟经验的基础上，于 1932 年制定并颁布了《破产条例》。对于破产能力同样采用一般破产主义立法模式，按照该模式的理念，不管是普通公民还是商人，具有民事权利能力的人都适用破产条例。具有民事权利的自然人，均可以适用《破产条例》，具体为：（ⅰ）居籍香港（ⅱ）提交破产申请当日身处于香港，或之前三年通常居住于香港，或在香港有居住地或在经营业务。第一项为必要条件，第二项中满足任一条件即可。破产呈请的门槛很低。债务人提出呈请的只要无能力偿还债务，数额不限。债权人提出的则要求被拖欠 1 万元及以上款项。

在对破产复权的期限和范围的规范上，香港地区的法律规定，破产人的考察期为 4~5 年。破产人需将房产变现后清偿债务，最多居住 12 个月就得交付给受托人。破产人只能保留必要的生活开支，其他收入都必须支付给受托人用于偿债；日常生活中，破产人不得有高消费行为，乘坐出租车、出国旅行、到高级餐馆吃饭、买名牌衣物、出入娱乐场所等都属于高消费范畴；其信用受限主要表现为不能申办信用卡，如果需要办理 100 元以上的贷款，破产人必须表明其破产人身份。破产管理署的职员会前往破产债务人家中检查。如破产人是持有专业执业牌照的律师、会计师等独立职业活动者，则不得继续持牌执业。破产人不得担任公司董事或参与公司的管理，不得担任太平绅士等。

在香港地区，不同的破产情形下破产期限会有不同的限制。香港地区《破产条例》规定：破产人首次被判定破产，且遵守《破产条例》规定的破产人，只要债权人或受托人没有反对，可在破产令颁布当日起计算期限的 4 年后自动解除破产。对以前曾被判定破产的人而言，自破产开始之日起满 5 年，法院即可下达破产解除令；如果破产人没有能够与破产管理署或受托人协同开展破产及复权的程序，或没有严格地遵守相关法令，其破产期最多可延长到 8 年。获解除破产后，便可获免除所有可证债项，但不包括以任何欺诈或者欺诈违反信托招致的债项、因触犯法例而被判处的罚款和导致任何人身体受伤而须作出的赔偿等。破产期结束后，就可以重新建立信用，开始正常生活。

第五节 个人破产复权制度的实践障碍

一、个人破产复权制度社会认知不足

为了了解社会公众对于个人破产复权的认知度和接受度，笔者设计了关于破产复权的问卷。本次问卷共设置 21 个选择性问题，通过微信发送给公众。1~8 题为受访人背景调查及对个人破产立法的一般认知问题。第 9 题基于受访人的身份是债权人或债务人而区分不同的后续问题。债权人做的第 10~17 题主要是考察其对债务人品格的信任感，对债务人申请破产程序的看法以及对考察期限、复权模式等的意见。债务人做的第 18~21 题则同样通过一些共同的复权程序设计探查其与债权人的不同看法。

（一）社会公众对个人破产复权制度了解有限

从整体的调查结果来看，社会公众对个人破产复权的认知度不高。此次问卷共回收有效问卷 473 份。受访者的主要职业为经营商业者 103 人（21.8%）、企业员工 211 人（44.6%）、金融从业者 93 人（19.7%）、其他 66 人（14%）。年龄在 20~50 岁之间的共 437 人，占 92.4%。也就是说，受访者大多是中青年为主的商事活动经营者及从业者。

但在被询问是否听说过个人破产及是否支持个人破产立法的时候，分别有 76.5% 的人及 67.9% 的人选择了是，但多数并不清楚个人破产与企业破产的区别。听说过破产程序中的复权制度的不足一半，多数不清楚个人破产复权制度的具体意义与功能。这说明即便是这些对经济生活有着较好知识储备和切身感受的受访群体，对个人破产制度的设置及破产复权制度的了解也较为有限，许多人对个人破产立法的推进也持有疑虑。

关于社会公众对破产复权认知度和接受度低的问题。首先，几千年来中国传统法律文化对个人债务秉持的一直是"彻底偿还主义"，强调"父债子还"的债务履行方式。尽管传统法律文化中也有一些契合个人破产的因素，但并非主流。清偿负债的债务文化仍然持续影响着大多数中国社会公众的行为和决策。因此我们在制度设计时要对传统法律文化进行扬弃，提倡成长和包容，去回应社会经济发展、制度更新及诚实债务人群体的真实诉求，构建新型的债务观念，引导塑造正确的偿债文化。其次，法律具有专业性，民众的法治意识还不足以完全理解法律人文关怀的需求，在法治宣传方面还需要加强，既要自上而下推进破产复权制度的建构，也要公众参与到破产法治的建设中来。如果具有典型意义的破产复权案件出现，也可以推动法学界及社会公众的大讨论，在破产复权制度的制定和具体案件的执行中，有机融合天理、国法、人情。最后，配套制度的建设还未完善。社会公众对破产复权制度的认识度是随着多维度的配套制度建立而提升的。如政府部门继续大力推进社会信用体系建设，加强对失信被执行人信用监督、警示和惩戒机制的建设，对不诚信的破产人隐匿财产信息进行公示，继续执行不诚信破产人的财产，对构成刑事犯罪的甚至依法追究刑事责任。配套制度的建立不但可以起到宣传作用，也可以减轻社会公众对破产复权制度成为"老赖"避风港的担心。因此我们在进行制度设计时需要考虑到上述因素，提升社会公众对破产复权的认知度和接受度。

(二) 社会舆论对"老赖"与"不幸债务人"的认知混淆

在"您认为个人债务无法清偿的案例中，大都是由于什么原因造成的"问题中，有35.1%的受访者选择了"奢侈消费，恶意逃债"，另有26.8%的受访者选择了"创业或经营企业"。本书认为，这在一定程度上体现了经营者个人在现实中举债的情况。问卷调查的第10个问题中，作为债权人，选择破产申请人会转移财产或恶意逃债的占82.1%。

企业经营者在企业走上正轨，经营模式扩大以后，可以更加容易地获得外部资金。其中一些经营者或者其继承人就此沉沦，染上不良嗜好。最终公司摆脱不了流动性危机，一步走错满盘皆输，最终公司只能进行重整或宣告破产。比较典型的如重庆力某集团，在2020年8月11日因不能清偿到期债务，以及资产不足以清偿全部债务。向重庆市第五中级人民法院申请进行司法重整。根据2020年第一季度的数据，力某集团总资产182.93亿元，总负债157.19亿元，净资产25.75亿元，资产负债率高达85.93%，可谓债务危机到了相当严重的地步。而力某集团除了为社会公众熟知的力某摩托以外，另一个让人津津乐道的则是力某集团创始人的儿子尹某地，其不但是国内布加迪车主第一人，同时名下还拥有数十辆豪车。所以尽管力某集团的破产有多方面的原因，如自主创新不够，从摩托车转型新能源汽车的生产策略失败，但尹某地的奢靡生活无疑会加重社会公众及投资股东对力某集团失败的疑虑，也难以区分"不幸债务人"和"老赖"的界限。①

更为典型的是金某集团，在其董事长刘某荣的带领下，金某集团曾是"国产手机一哥"，2010年，其全球销量仅次于诺基亚和三星，2015年出货量更一度高达3000万部。但刘某荣沉溺于赌博。最终金某集团的总资产、总负债分别为201.2亿元、281.7亿元，处于资不抵债状态，只能进行破产重组。董事长刘某荣退出一手创办的企业，同时被列入老赖名单。但值得注意的问

---

① 《资不抵债，力帆集团申请破产！当年重庆首富晚景悲凉，一步走错全盘皆输》，载百度网，https://baijiahao.baidu.com/s?id=1674696663170976291&wfr=spider&for=pc，2021年10月9日访问。

题是董事长刘某荣为何可以轻易挪用属于公司的资金。刘某荣说:"我创办金某集团16年,在公司一直是绝对的权威,我个人没有其他收入,难免在生活上有些公私不分、借用公司资金的行为。"①

分析以上案例,本书认为:一方面在实际中有不少企业经营者与企业的人格高度混同,因此存在着经营者和公司资金混同,财务管理存在不能清晰区分的情况,很容易带来经营者的道德风险。而且企业经营者对企业的掌控,也使得其容易进行有预谋的资产转移。这使得债权人对企业经营者天然充满着不信任感,无法区分"不幸债务人"和"老赖"。

另外,从客观上来说,造成企业经营者负债的原因也是复杂的。既可能有其个人挥霍消费的原因,也可能由错误的经营投资策略所导致,两种行为是伴生的。在债权人看来,难以区分企业经营者个人负债是因为经营公司不善所致还是因为个人生活挥霍所致。债权人从保护自身权益的角度,通常会坚持对负债的企业经营者进行持续的债权追索。

(三) 债权人对债务人未受到"惩罚"的不认同

从前文可以看出,债权人在难以认可债务人是"诚实而不幸"的债务人前提下,对债务人未受到惩罚是不认同的。在调查中,受访者不支持破产立法的最大原因是担心债权人的权益无法得到保障。因此,最受债权人认可的破产程序是破产重整,占比达到56.9%。有未来可预期收入的债务人,重整计划执行完毕的,看申请免除未清偿债务。而同意破产和解和破产清算的受访者则分别只占24.5%和18.6%,这意味着在债权人的观念中,不管进行何种破产程序,债权人更加倾向于债务人尽量偿还债务。

调查结果显示,能够认可破产复权制度(限制其权利考察期满后恢复其权利)的债权人占比为28.1%。而即便进入了失权程序,债权人也希望对破产债务人进行严格的限制,占比最高的分别是设置5年考察期和由法官审核其复权申请。形成对比的是,债务人通常希望法律规定复权的条件是到期当然恢复。

---

① 《金立老板豪赌,公司面临破产重组,供应商被欠6800万或将先破产》,载网易网,https://www.163.com/dy/article/E1S26S0V053110JU.html,2021年10月9日访问。

总体来说，债权人天然希望能在债务人的破产程序中占据更为有利和主导的地位，这当然也是无可厚非的。尽管事实上很多债务人在进入执行程序后实际上也已经没有财产可供执行，甚至完全丧失履行债务的能力，导致执行案件成为终结本次执行程序（终本）。但大多数债权人还是认为，债务人仅经历过失权的惩罚，通过免责考察期后即裁定免责是不够的。执行并未终结，被执行人仍然留存于失信被执行人的黑名单中。在个人债务无法清偿案例中，如果强制执行也不能偿还的话，多数债权人选择继续追索，持有不能让债务人好过的心态，宽恕心理较弱。

本书认为，在破产复权制度的设计中要充分考虑债权人的心理状态，对债权人进行有效的心理抚慰，以便其能接受破产复权程序。

（四）个人信用制度不够完善引发的逃避债务忧虑

债权人在个人信用制度不完善的背景下，对债务人通过破产程序讨债比较忧虑。作为债权人，认为个人破产申请人会转移财产或恶意逃债的占比达72.9%，最担心的也是债务人有了"正当理由"逃避债务，无法追偿。

债权人希望债务人受到惩罚的主要原因是不信任债务人是真正的"诚实而不幸"的债务人。因为问卷中提出了在债务人是诚实守信的前提下，债权人认可破产清算的比例提升至39%，相对上升了20.4%，上升趋势明显。亦即，如果制度设计能够向债权人展示债务人遵守了相应的法定义务，则债权人对破产复权程序的认知接受度会有一个较为明显的提升。因此，债务人应该注意履行如下义务。

第一，及时申请破产义务。很多债务人在已经不能清偿到期债务，具备破产原因的时候却抱着得过且过的心态，既不主动与债权人沟通，又不能积极自救，结果是放任其财产继续被消耗，损害债权人的权益。

第二，禁止恶意举债。当经营情况出现问题的时候，债务人不应通过负债方式加重损害债权人实现债权的可能性。如果债务人在不能清偿到期债务的情况下，还通过借取高利贷等方式恶意举债，也不能认定其主观上是良善的。

第三，积极履行破产程序进行时的配合义务。一方面规定配合义务有利于促使债务人交出财产；另一方面进入破产程序的债务人要认识到积极履行配合义务的现实意义。在积极配合中显示自己属于"诚实而不幸"的债务人，进而获得余债免责的优待。

通过债务人履行上述义务，可以有效对接破产复权的程序，重新鉴别诚实而不幸的债务人，并使其重新获得正常生活的权利。

二、全国统一个人破产立法尚未出台

《深圳经济特区个人破产条例》是根据《中华人民共和国立法法》，以及《全国人民代表大会常务委员会关于授权深圳市人民代表大会及其常务委员会和深圳市人民政府分别制定法规和规章在深圳经济特区实施的决定》《深圳市制定法规条例》等法律法规中的相关规定，由深圳市人大常务委员会审议通过后公布实施的，具有显著的地方立法特点。

《深圳经济特区个人破产条例》第2条规定："在深圳经济特区居住，且参加深圳社会保险连续满三年的自然人，因生产经营、生活消费导致丧失清偿能力或者资产不足以清偿全部债务的，可以依照本条例进行破产清算、重整或者和解。"其用意是要求破产的自然人必须居住在深圳试点区域，以便将其破产程序的法律效力限定于深圳经济特区内，也只有符合上述条件的人才能通过个人破产程序之后获得复权的效果。但随之会带来一系列的法律接驳问题。首先，虽然此种规定能吸引大批创业者前往深圳长期经营，但同时也让其他地区的投资者增加了对深圳创业者的不信任感，从营商环境的塑造来看可谓双刃剑。其次，参加深圳社会保险连续满三年并非严苛的条件，虽可能会阻止一些意图恶意破产的自然人临时在深圳通过破产制度达到免责及复权目的，但如恶意破产人有意布局，达到此要求并非难事。最后，深圳人的经济活动不会局限于深圳，财产分布也不会局限于深圳，如果出现了不同法院一并进行民事执行与个人破产程序的情况，优先适用哪个程序并没有明确的法律规定，是否可能会导致在深圳的破产案件已经产生个人破产复权的效果，而在其他地区的强制执行程序中又被列入全国失信被执行人名单的情况，尚需要在实践中观察。特别在目前各地法院对民事执行的条文理解并不完全统一，民事债务案件的管辖受理地与财产查封地并不一致，在执行阶段可能还会出现移送执行和委托执行的情况，这会使得破产复权制度的适用与民事案件的对接变得更加复杂。

三、地方立法具体制度设计存在疏漏

(一) 对各方利益平衡的综合考量不足

由于目前在我国建立个人破产复权制度显得极为必要,《深圳经济特区个人破产条例》试点中更多地借鉴了美国破产法中体现的促进债务人重生相关制度。办理破产复权案件时,法官不能把债务人看作贫弱的人,不能忽视他们创造社会经济价值的能力,这些人只是由于财务上的困境,暂时不能参与到经济活动中去。个人破产复权就是要使那些诚实而不幸的债务人摆脱财务上的困境,快速投入新的生活,开展新的生产消费。[①] 而部分学者则将个人破产程序目标直接认定为免责复权,因此《深圳经济特区个人破产条例》比较明显地倾向于保护债务人的立场,其主要表现为设置了较短的三年考察期,并在复权中弱化了债权人的地位,没有较为明确地规定债权人享有的权利义务。

但正如前所述,需要认真考虑平衡债权人和债务人的利益。破产本身是不得已而为之,债务人需要靠承受考察期的不利益才能获得免责和复权的结果。而正是因为先存在破产失权制度,才能够谈及由于无限期失权的不科学而需要矫正回债务人复权的设置。个人破产的情况下,一方面考虑到债务人回归正常社会经济生活的需要应保留相应财产,导致债权人的债权清偿比例较低。另一方面是相比企业破产以注销为终了的结果,对债务人的失权设置显得相对轻微,最终还能够重返正常的社会经济生活。因为现今中国本不具备破产无罪的传统法文化,亦不能过分强调对债务人的人文关怀,以及破产复权的莫大好处,这样可能难以使债权人接受,更难以获得社会普罗大众的认同。

因此,在试点条例中应当在宏观上更加公平地设置债权人和债务人的权利义务,并通过利益平衡增强破产复权制度的适用性。至于对债务人的保护,应结合个人破产复权制度建设配套制度,以便取得更好的实施效果。

[①] Joseph Spooner, *Seeking Shelter in Personal Insolvency Law: Recession, Eviction, and Bankruptcy's Social Safety Net*, 44 Journal Of Law And Society, 382-386 (2017); Charles G. Hallinan, *The "Fresh Start" Policy in Consumer Bankruptcy: A Historical Inventory and AnInterpretive Theory*, 21 University of Richmond Law Review, 57 (1986).

（二）未厘清免责、失权和复权制度的内在关联性

从个人破产制度的起源来看，破产复权制度并非与个人破产制度相伴而生。在个人破产制度建立的初期，主要设置了失权和免责的制度，鲜有直接产生破产复权制度的例证。但随着个人破产制度促进债务人"再生"功能的彰显，复权制度就显得尤为重要。

因此，在未来个人破产复权制度的设计中，先要厘清免责和复权的关系。免责制度和复权制度并不必然具有因果关系，两者是并行不悖、相辅相成的制度。虽然两者之间没有必然的因果关系，但程序上的黏合性也可以使人们从广义的复权程序上理解免责制度。在《深圳经济特区个人破产条例》中，未能很好地厘清免责、失权和复权制度的内在关联性。由于《深圳经济特区个人破产条例》中没有专章规定破产复权制度，所以造成了制度执行上的空白。由于《深圳经济特区个人破产条例》不够重视破产复权制度，在三种限制债务人行为方面规定各有不同，借贷额度限制的复权和任职资格的限制复权时间点均是裁定免除债务人未清偿债务之日，与免责联系紧密。而限制消费行为的复权的时间点则是法院作出解除限制债务人行为的决定之日。不同的破产程序表述不同，《深圳经济特区个人破产条例》关于破产重整的第124条规定："人民法院裁定批准重整计划的，应当同时作出解除限制债务人行为的决定。"第129条规定："自重整计划执行完毕之日起十五日内，债务人可以向人民法院申请免除其未清偿的债务。"此时却又未再提及借贷额度限制和任职资格限制的复权内容，按照何等程序也未可知。因此本书认为要认清破产复权制度的独特价值，并结合三种破产程序对每种限制的复权程序进行完善的设计。

此外，也要厘清失权和复权范围的关系。《深圳经济特区个人破产条例》第101条规定："考察期届满，债务人申请免除未清偿债务的，管理人应当对债务人是否存在不得免除的债务以及不得免除未清偿债务的情形进行调查，征询债权人和破产事务管理部门意见，并向人民法院出具书面报告。人民法院根据债务人申请和管理人报告，裁定是否免除债务人未清偿债务，同时作出解除对债务人行为限制的决定。"复权即解除对债务人行为的限制，尽管我们可以从失权的行为限制去推断复权的范围，但在实务中破产债务人的具体失权范围如何界定成为问题。根据前文所述，《深圳经济特区个人破产条例》

包括限制消费行为、限制职业资格、限制借贷额度及承担相应义务3个方面共8个条文。但在深圳个人破产案件信息网公开文书中，个人破产案件中明确失权的内容只是根据《深圳经济特区个人破产条例》第19条、第23条之规定发布的《限制消费行为决定书》。其他的失权规定，如第86条，即："债务人不得担任上市公司、非上市公众公司和金融机构的董事、监事和高级管理人员职务。"复权的范围显然不可能大于失权的范围，最多只能等于或小于失权的范围。但根据规定，复权的范围是由法院作出的解除对债务人行为限制的决定划定的。虽然现在还未公示复权决定文书，但基本可以推断，届时法院的复权决定书，也是针对《限制消费行为决定书》进行的权利恢复。《深圳经济特区个人破产条例》中涉及的复权制度范围极为狭窄，仅仅是参照限制被执行人高消费的八种消费行为而已。而其他涉及的任职限制并未在法院的公开文书中予以明确，其他相关法律法规中关于失权复权的规定是否得以适用也未可知。

(三) 缺少个人破产复权条件的具体规定

破产债务人满足法律规定的条件，经过法定程序，可以进行复权，对其失权部分的消费限制和任职资格限制进行恢复。否则破产债务人一直处于失权的状态，既不利于鼓励其积极按照破产程序偿还债务，又无益于破产债务人重返正常的社会经济生活。法律必须要明确什么样的条件下，破产债务人可以复权，给予明确的指引。

破产复权的条件与复权的获取方式有密切联系，但不论是哪种方式，仍需要满足一些基本条件。在其他国家一些成熟的破产复权制度下，会设定债务人已按清偿计划清偿全部债务或免除债务人未清偿债务、债权人与债务人达成的和解协议已合法履行完毕、破产债务人无破产欺诈行为且达到失权年限等条件，给予债务人明确的指引。关于破产失权与复权期限的规定，各国家或地区有所不同。日本规定的起算时间是从破产程序开始后计算，经过十年。中国香港地区有两种情况，一种是从未被判定过破产的，自破产之日起四年；另一种是曾经被判定过破产的，自破产之日起五年。中国台湾地区规定的是三年。《深圳经济特区个人破产条例》关于个人破产复权条件的规定显得比较笼统。

《深圳经济特区个人破产条例》关于考察期的规定一般是3年，违反限制行为规定义务的延长考察期，延长不超过2年。《中华人民共和国公司法》第146条中关于公司董事、监事、高级管理人员的任职资格限制的期限也是3年，应该说，这是《深圳经济特区个人破产条例》与《中华人民共和国公司法》的对接。但本书认为，为了敦促破产人归还债务，减消社会公众认为个人破产复权门槛过低的印象，3年的考察期显得偏短，应在该条件上再作考量。

（四）缺乏个人破产复权主体的分类规定

从制度设计上来说，个人破产复权的主体即因为破产程序而被施加了公、私法上各种权利限制的失权主体。失权主体才有复权的利益期待，《深圳经济特区个人破产条例》并未对复权主体进行划分，但根据其他国家和地区的立法经验，复权主体的划分与复权方式的设计有着密切的联系，故出于立法精细化的考虑，需要分别加以讨论，大致可分为消费者破产人、商人破产自然人和准破产人三类。这三类主体需要分类进行规定。

此外还有遗产破产是否能作为破产主体的问题。遗产破产分为两种情况，第一种是指被继承人死亡后，遗产不足以清偿债务，而无继承人或继承人为限定继承，或继承人全体抛弃继承时，或未抛弃继承的继承人全体均有破产原因，被继承人的债权人、继承人、遗产管理人或遗嘱执行人可以申请宣告遗产破产。《德国支付不能法》《日本破产法》都规定了遗产破产的情形，由于被继承人已死亡无民事行为能力，继承人放弃继承则不能作为遗产破产主体，通常是将遗产本身作为"破产人"，作为具有破产主体资格的非法人财团。这种情况下，当然无破产复权之需要。第二种情况是进入了个人破产程序之后，该自然人死亡而对遗产继续进行破产。此种情况下是否需要对死者进行复权？有学者认为，破产宣告生效之后破产人死亡的，失权效果已经发生，"如果立法上有承认死者身有名誉权保护的必要和意义，那么，就没有必要怀疑死亡的破产人仍有复权的必要和意义。只是，死亡的破产人已没有申请复权的能力而已。但复权的主体仍是死者，而非代替死者行使复权申请权的被继承人"。[1] 由于目前学界的看法并不统一，因此需要明确个人破产复权

---

[1] 汤维建：《论破产法上的复权制度》，载《法学家》1996年第5期。

的主体，以便确定个人破产立法的适用对象。

四、与其他法律程序的对接机制缺失

在个人破产制度适用初期，由于立法体系的不完善及规定的模糊性，极有可能导致司法程序上的冲突，因此亟须对接协调统一的相关法规及配套制度。

(一) 破产复权程序与民事执行程序的对接问题

破产案件的办理，执行是重点也是难点，个人破产在破产案件中占有很大的比例，破产复权程序与民事执行程序紧密关联。2019年7月16日，国家发展改革委等13部委印发了《加快完善市场主体退出制度改革方案》以维护安全、稳定的市场经济秩序，优化营商环境，提出要建立个人破产制度，并将民事执行程序和个人破产程序联系起来。在此以前，尽管没有个人破产制度，法院也出台了一些替代性措施。比如民事强制执行中的参与分配制度。

参与分配制度与破产制度有一定的相似之处，但区别主要在于参与分配制度是符合条件的特定债权人针对债务人的个别财产而进行的执行措施，在多个竞合的债权存在情况下进行分配的制度。而个人破产则是通过清算、重整或和解程序，全部债权人对债务人的全部可供分配财产进行分配。所以参与分配的主体范围较窄，债权人已经取得执行依据，或者对执行财产享有优先权、担保物权等，并在执行程序开始后，被执行人财产执行终结前提出书面申请。参与分配制度具有天然的缺陷，因此仍然需要建立个人破产制度，并同完善法院执行制度统筹考虑，使二者有效衔接。

(二) 恶意利用破产复权程序与刑事处罚的对接问题

破产债务人需要遵守相应的义务，不得违反行为禁令方可复权，违反禁令轻则撤销复权决定，严重的可能需要承担刑事责任。但在我国，有关破产犯罪的立法一直比较简单且非体系化。2006年《中华人民共和国企业破产法》第131条仅简单规定"违反本法规定，构成犯罪的，依法追究刑事责任"，而没有规定罪名以及相应的刑罚。《中华人民共和国刑法》第162条规定的妨害清算罪和虚假破产罪均未能有效对接《深圳经济特区个人破产条例》所称的债务人责任，也没有将破产犯罪作为一类罪名进行规定，因此需要将破产欺诈进行体系化入罪。中国台湾地区所谓"消费者债务清理条例"第46条至第150条区分破产欺诈罪不同的主体规定了相应的刑期及罚金。《德国刑法典》第24章第283条至第283条D规定了破产之犯罪。[①]《日本破产法》第255条规定，破产人于破产程序开始后，未受欺诈破产罪的有罪判决且已经过10年时可复权，并在第256条具体规定了欺诈破产罪的法则。第256条至第277条还规定了十个破产犯罪罪名，对于违反债务人、管理人、债权人的实体性义务以及违反破产程序的犯罪行为都有具体的规定。

《深圳经济特区个人破产条例》在第167条规定了债务人不得作出的7种行为，第168条也规定了债务人的配偶、共同生活的近亲属等利害关系人不能作出的妨害破产程序的行为。但是其行为程度与"予以训诫、拘传、罚款、拘留，构成犯罪的，依法追究刑事责任"等惩处措施并没有明确对应，导致可执行力并不强，存在着较大的自由裁量空间。

（三）与域外破产法律的对接程序

在中国，由于个人破产制度发展较慢，目前除了深圳等部分地区试行了个人破产制度，现行破产法体系下尚无对个人破产制度进行规定，这也在一定程度上增加了中国承认域外破产程序尤其是个人破产程序的法律障碍。

随着当今世界各地区的联系日益紧密，无论是企业活动还是私人生活都逐步全球化，人才、服务、资本跨越国界流动较为频繁。因此，个人在破产时，会出现个人财产在本国和国外处理的难题，因为其同时涉及程序法以及准据法等实体法上的国际破产问题，会影响破产债务人复权的认定。

国际破产主要需解决两个问题：一个是可否同时进行多个破产程序；另一个是破产程序在进行国以外的国家是否产生域外效力。2019年印发的《加快完善市场主体退出制度改革方案》明确提到了建立个人破产制度、完善跨境破产制度等相关内容。中国有部分破产重整的案件获得美国法院的承认，这是国际化的必然趋势。这对完善我国跨境破产制度释放出积极信号。

---

① 何赖杰、林钰雄译：《德国刑法典》，元照出版社2019年最新版。

第三章

个人破产复权制度建构的社会情境与效用分析

第一节 个人破产复权制度建构的社会情境

一、消费与创业的风险偏好不断增加

对于破产复权制度而言，转变传统观念主要是转变消费和工作观念。普通民众生活中的消费观念发生了巨大的变化，通过电商平台购买消费品成为常态，而电商平台多数推出了信用消费工具，如京东的白条、阿里的花呗等。这些工具的普遍应用使得购物并不需要一手交钱一手交货，而是采用延后或者分期付款的消费方案，给消费者特别是年轻消费者群体带来了便利和良好的体验感，也因此产生了不同程度的负债。2020年支付宝发布的《年轻人消费生活报告》显示，中国有近1.7亿名"90后"，有6500万人开通了花呗，即40%的"90后"都在用花呗消费。同时，较低利率的消费贷产品，申请门槛日益降低的信用卡使得想用钱的消费者获得资金来源成本较低，也导致很多人并未理性对待消费。对于家庭而言，主要以负债方式购置住房等大宗商品，根据中国人民银行调查统计司的抽样调查数据，中国家庭负债参与率高达56.5%，家庭负债主要是以银行贷款为主，包括房贷和其他银行相关贷款。"多存款、少负债、谨慎消费"的习惯逐步在变化，但也带来了相当大的信贷危机。中国人民银行发布的数据显示，截至2020年6月30日，全国信用卡逾期半年未偿信贷总额已飙升至854亿元，是10年前的10倍多。这些逾期借款人中，"90后"几乎占了一半。这些过度消费的消费者，在认识到自身问题的前提下，应该依靠破产复权制度给予合理的重生机会。反之，在消费者可能只承担有限责任的情况下,也提醒金融机构需要提高信用贷款发放审核和贷后风险控制能力。

在工作方面,2014年国家就提出了"大众创业万众创新"的口号,鼓励用"双创"的方式解决就业问题,并带动供给侧结构性改革,也引发了创业潮。人们不甘于只做打工人,而是想通过自身掌握的新技术、新商业模式创办企业获得更多的财富。政府极为重视创业,在2020年《政府工作报告》中,小微企业、中小企业被提及了14次之多。而根据天眼查发布的《创业报告2020》,全国小微企业数量已达到8000万家,数量占全国企业总数的70%左右。2019年,全国新增小微企业数量达到近1500万家。2017—2019年,每年小微企业新增注册数量都超过了1000万家。① 但在繁荣的景象背后,也隐藏着危机。对于很多创业者来说,除了对主营业务比较了解,对于企业的运营、管理基本处于无知的状态。初创企业人员少,有时候甚至不配备财会、法律、人力等专业的员工。缺乏持续的资金来源、错误的商业决策以及经济危机等因素使得脆弱的企业极易出现问题。2019年底逐步蔓延全球的疫情更是打乱了很多企业整盘的计划。许多企业因为经营问题导致资金链断裂,从而不得不进行破产清算。而小微企业信用不高,股东或者实际控制人一般会为企业的借贷资金提供个人连带担保。即便没有提供担保的情况,也很容易因为缺乏专业的财务和法务人员导致财产混同,而被债权人否认掉企业的独立人格。最终在企业破产清算后,企业股东及实际控制人甚至其家人都可能承担创业失败而产生的巨额债务。同样地,这些巨额债务基本上无法清偿,也无法执行,需要通过个人破产复权等法律制度的建立来解决。

因此,与其让债权人对深陷债务泥沼的债务人持续追索无法执行的财产,不如让债务人在尽可能清偿债务后重返社会经济生活,发挥市场机制的优势,完成社会资源的优化配置。波斯纳认为:"经济学的考察能使法学研究重新致力于对法律作为社会工具的理解,并使法律在这方面起到更有效率的作用。"② 波斯纳还在《法律的经济分析》一书中专门设置讨论个人破产的章节,认为个人破产可以给个人重新开始的机会,包括消费破产和经营破产,

---

① 《〈创业报告2020〉天眼查的5组数据告诉你真实的"创业江湖"》,载搜狐网,https://www.sohu.com/a/407298723_120100656,2021年8月15日访问。

② [美]理查德·A.波斯纳:《法律的经济分析》,蒋兆康译,高等教育出版社2012年版。

为在市场经济中寻求生存的个人提供保险，并有效节省司法成本。但同时需要注意的是，个人破产为某些投资人免除了后顾之忧，使得违约具有吸引力。这要求我们在设置破产复权制度时要相当慎重，增加重复申请余债免除和重复复权的间隔年限，增强考察期义务，以防止恶意破产人利用个人破产制度逃避还债责任，提高其申请破产的成本。

二、信息技术深度影响社会经济生活

（一）个人破产复权的大数据应用前景

习近平总书记指出："要运用大数据提升国家治理现代化水平。要建立健全大数据辅助科学决策和社会治理的机制，推进政府管理和社会治理模式创新，实现政府决策科学化、社会治理精准化、公共服务高效化。"在大数据发展迅猛的社会背景下，大数据已经渗透至人民生活的方方面面，也直接影响着商事交往领域。因此将大数据的理论和技术应用于政府治理，服务于破产复权制度，是应然之义。而对破产复权制度的实施来说，其也涉及身份核查、财产监测、公示信息等多个需要应用大数据技术的环节。大数据可以在个人申请破产时，帮助主管机关针对不同的情况制定不同的破产复权方案。这将更有助于社会资源的优化配置，创造出更多的价值。总体来说，破产管理人可以收集破产申请人的个人属性数据、商业行为数据后，判断个人破产情况和需求，然后提供精准化和个性化的服务。大数据技术可以涵盖对破产申请人的财产调查核实工作，对失权期间的行为限制和资格限制的监管工作，对失权期间的设定和复权范围的确定等内容。对于债务人而言，可以使破产复权的服务更加精细化、人性化、个性化。对于社会公众而言，大数据技术有助于破产复权过程透明化、复权效果科学化。

（二）大数据技术构建征信系统

大数据依托海量的数据和数据内容，所得出的结论能够更加客观地反映实际情况。而且，深层次的数据剖析能力可以挖掘出时间、空间、人之间的联系，能够发现传统调研中难以发现的规律。个人破产信息将记录在征信系统当中，并被共享于消费、租赁、借贷、求职等领域，有助于完善具有中国

特色的社会主义金融基础设施，对我国的宏观经济调控、金融政策制定、金融环境建设、金融风险防范起到助益作用，并促进我国市场经济快速健康发展。

破产制度实质上是为了公平地清理债权债务，因此与信用有着必然的联系。在即时的钱货两讫交易之中，不会出现信用危机，也不需要破产制度。只有信用交易的产生、发展才会有破产法的存在价值。因此破产法对债务的清理，其本质也是对市场信用的清理，从而能通过恢复信用维持市场经济的良好秩序，优化资源配置，调整市场结构。而个人破产制度的设立，不但要识别出"诚实而不幸的债务人"和恶意的老赖，也要让债权人尽可能实现其债权，因此必须配套完善的征信机制。破产复权制度也具备恢复信用的功能。信用体系并非破产复权制度的必要前提，亦并非要建立起完善的信用体系之后方可建构个人破产复权制度。但个人破产复权制度极容易诱发道德风险，老赖可能会利用此项制度作为躲债的避风港，因此尤其应当强调债务人的权责边界，同时完善我国个人征信、资产公开等配套制度。中国特色信用体系的建立，实际上包含了个人征信系统的建立和财产报告制度的建立，也成为个人破产复权制度的信用体系基础。

譬如，中国执行信息公开网的数据显示，公布中的失信被执行人共有6630061人[1]，企查查大数据研究院对此数据采集后进行了深入分析，在《2020年失信被执行人风险数据报告》中提到，2020年我国新增失信被执行人249.84万人次。浙江、河南、广东三个省份数量最多，分别新增29.71万人次，29万人次，22.19万人次。从年度趋势来看，失信被执行人的同比数据整体呈现下降趋势，2020年同比下降15.6%。由此表明，国家在保证执行力度的前提下，社会信用体系建设卓有成效。

2016年，《国务院办公厅关于加强个人诚信体系建设的指导意见》要求加快推进个人诚信记录建设，有助于国家个人征信系统与民间征信系统相结合。2018年，国家互联网金融风险专项整治领导小组办公室下发了《关于报送P2P平台借款人逃废债信息的通知》，提出建立针对逃废债行为制约机制，

---

[1] "公布中的失信被执行人"栏目，载中国执行信息公开网，http://zxgk.court.gov.cn，2021年7月16日访问。

将逃废债人员的信息录入征信系统或"信用中国"数据库。2019年，国务院颁布《优化营商环境条例》，强调社会信用体系建设对优化营商环境的重要作用，要求提高政务、商务、社会诚信水平，强化全体社会的诚信意识，提升诚信水平，提出要确保信用信息安全，保护商业秘密，保护个人隐私。到了2020年，我国信用体系建设高速发展，中共中央、国务院、国家部委相继出台文件。2020年《政府工作报告》在深化"放管服"改革部分明确提出，完善社会信用体系，《国务院办公厅关于进一步完善失信约束制度构建诚信建设长效机制的指导意见》（国办发〔2020〕49号）等多份文件中完善诚信建设长效机制成为国家理念，举全社会之力健全征信体制，实现信用信息共享，同时失信惩罚信用修复机制一并纳入了征信系统建设。

中国人民银行征信中心负责建设、运行和维护的全国集中统一的企业和个人征信系统是我国社会信用体系建设的核心组成部分。2020年5月，二代征信系统正式上线运营，全面提升了数据采集能力、产品服务能力、系统运行性能和安全管理水平，目前已推出互联网查询、银行APP查询等多种查询方式。①截至2020年12月底，征信系统共收录11亿自然人、6092.3万户企业及其他组织；其中，收录小微企业3656.1万户、个体工商户1167万户。个人征信接入放贷机构3904家，个人征信业务日均查询866万次。广义的征信系统除包括狭义的中国人民银行征信中心的系统之外，还包括由其他政府部门或社会机构运营和管理的提供个人信息公示和查询的相关系统，相关的参与主体主要包括司法机关、工商机关、税务机关、互联网金融相关行业协会、目前唯一持有个人征信牌照的"百行征信"，以及各类未持有个人征信牌照，但可提供各类征信服务的机构等。

在个人征信系统中，主要采集以下五类个人信贷信息：一是贷款发放及还款的信息；二是反映信用款发放和还款的信息；三是显示个人担保情况的信息；四是特殊交易信息；五是特别记录信息。如果查询个人征信系统，出具的征信报告包括3个方面的内容，即个人信用信息提示、概要和报告。个人征信系统的服务对象不同、目的不同，所提供的报告因机构不同或机构与

---

① 《截至去年底央行征信系统收录11亿自然人》，载人民网，http://finance.people.com.cn/n1/2021/0126/c1004-32011582.html，2021年1月26日访问。

个人之别，版本的侧重点不同。个人信用信息概要和个人信用报告内容如图3-1所示。

```
个人信               ┌─ 信贷记录（贷款、贷记卡、准贷记卡和其他信贷记录）
用信息               │
概要及      ────────┼─ 公共记录（5年内的欠税记录、民事判决记录、强制执行
个人信               │   记录及电信欠费记录）
用报告               │
                    └─ 查询记录（最近2年内机构查询信用报告的情况）
```

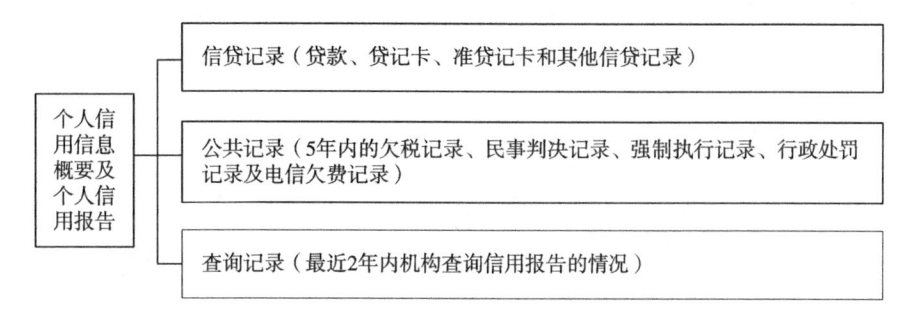

图3-1 个人信用信息概要和个人信用报告内容

就个人查询的版本来看，提示可以查询最近5年内有无贷款和贷记卡是否有逾期记录，及透支超过60天的信贷记录。个人信用信息概要及个人信用报告，能够查到信贷记录（贷款、贷记卡、准贷记卡和其他信贷记录）、公共记录（5年内的欠税记录、民事判决记录、强制执行记录、行政处罚记录及电信欠费记录）及查询记录（最近2年内机构查询信用报告的情况）。

除此以外，笔者通过天眼查查询含有"征信服务"关键词的公司，数据多达35077条，但其中能提供个人征信业务的寥寥无几。百行征信有限公司（以下简称百行征信）是全国唯一一家取得"个人征信业务"展业资质的民间机构。百行征信与中国人民银行的征信报告互为补充，纳入的机构大部分是P2P和小贷公司（特别是网贷领域），一般银行等传统金融机构接入央行征信。截至2020年6月30日，百行征信在数据库建设方面，已拓展金融机构达1768家，接入数据共享协议签约机构近千家，信贷记录超24亿条，个人征信系统收录个人信息主体超1.3亿人。

借助中国人民银行征信及民间征信机构的协作，金融机构在对个人信贷发放上可以依靠我国的征信系统获得风险管控的基础依据，可以有效控制风险，预防个人破产的发生。地方政府部门也可以在审核公司发起人、高级管理人员或者录用公务员时将个人征信报告作为重要的参考因素，促进对破产复权的监控和管理。我国的征信系统已经基本建立，必然将在改善社会信用环境，促进行业信用体系建设，推动地方信用体系建设等方面发挥作用，也

为个人破产复权制度提供了制度要件。通过上述数据的搜集及分析，政府及司法部门可以及时掌握商事领域个人破产的数据和整体情况，针对某些商事破产率较高的领域限制主体进入，针对财务状况已经出现问题的个人及时采取措施，对破产复权债务人进行有效监控，弥补传统监管方式的滞后性。

(三) 财产申报制度与信息化建设

在民事执行程序中，对被执行人的财产调查主要包括法院依职权调查、申请执行人提供财产线索和被执行人报告三种方式。但在破产程序中，主要是由债务人主动进行财产申报。个人的破产复权能否适用，前提是甄别出债务人确系诚实而不幸的情况。同时债务人在考察期内需要尽到相应的财产申报义务等，才能够维护债权人的合法权益，并得以申请复权程序。因此财产申报制度成为破产复权制度的重要内容。查明债务人真实的财产状态决定了到底适用哪种清算程序，债权人受偿的比例和数额，也决定了民众对破产复权制度接受的程度。

目前我国除了对个人资本进行注册登记，以及针对党政机关县处级以上的领导干部要求进行财产申报，并无相关的法律制度对一般人的财产申报提出具体要求。破产制度可以借鉴民事执行程序中的相关规定。被执行人如果拒绝进行财产申报，将受到处罚，处罚依据《中华人民共和国民事诉讼法》和《最高人民法院关于民事执行中财产调查若干问题的规定》，如果被执行人没有履行执行通知的义务，那么应在收到执行通知之日报告前一年的财产情况。如果被执行人不报告，或者报告虚假的，人民法院可以对被执行人或者相关人员予以罚款、拘留。

除此以外，2017年最高人民法院出台的《最高人民法院关于民事执行中财产调查若干问题的规定》规定人民法院可以依照申请执行人的申请或依职权责令被执行人发出报告财产令，对被执行人填写财产调查表中所列的财产情况及变动情况作出了明确的规定。如第5条规定了被执行人应当在报告财产令载明的期限内向人民法院书面报告5类财产情况。

在破产实务中，《深圳经济特区个人破产条例》要求债务人申请个人破产时需提交诚信承诺书，个人财产及夫妻共同财产清册，这说明如果一方选择破产，其配偶也必须尽到相应的申报义务。从实践来看，债务人逃债的方式变化多样，如离婚转移财产，以分居的名义离婚，然后切割共同财产，实现个人财产转移到配偶名下；以赠与的方式转移财产，将个人财产赠与未成年子女或者其他亲属。针对恶意债务人的各种逃债行为，查清债务人的个人财产时，不仅要查本人的情况，也要查清其原配偶、未成年子女、近亲属的财产与债务人的关联性。

违反财产申报的法律后果方面，在民事执行程序中，《中华人民共和国民事诉讼法》第241条、《最高人民法院关于民事执行中财产调查若干问题的规定》第9条及第10条、《最高人民法院关于公布失信被执行人名单信息的若干规定》第1条都规定了被执行人拒绝报告、虚假报告或者无正当理由逾期报告财产情况的惩罚措施，人民法院可以根据情节轻重对被执行人或者其法定代理人予以罚款、拘留；构成犯罪的，依法追究刑事责任，并依照相关规定将其纳入失信被执行人名单。而在破产程序中，则要根据程序的流程给予不同的处理方式。如在债务人提出破产申请，提交个人财产以及夫妻共同财产清册时，人民法院审核破产申请发觉财产申报不实的，应当裁定不予受理破产申请。人民法院已受理债务人破产申请但尚未宣告其破产时，则应裁定驳回破产申请。债权人或者利害关系人如果发现债务人有申报财产不实的情况，可以申请人民法院撤销免除债务人未清偿债务的裁定。如果债务人申报财产不实的情节较为严重，可以由人民法院对债务人采取训诫、拘传、罚款、拘留等强制措施，而情节极为严重的，应依法追究刑事责任。

在现有财产申报制度的前提下，对于债务人财产的具体申报形式、内容以及违反申报义务的责任承担等方面还可以进一步细化。既要注意财产申报的广度，又要注意申报的深度，对财产上的权利负担，使用情况等作出相对详细的说明。财产申报制度要配套调查核实的制度，破产事务管理部门应当承担这个核查职责，打破银行、市场监管局、房屋登记中心、车管所等各个部门之间的壁垒，集合分散的财产信息，建立起统一的个人财产登记平台。必要的情况下可以引入公证机关对财产进行清点确认，并进行证据保全以便查实。在财产申报制度的执行中，也要注意债务人的义务和基本权利之间的平衡。

(四) 府院协作破产复权程序与系统

政府部门和人民法院在个人破产复权的制度执行中需要密切地配合。以前传统的监管方式使得政府部门和人民法院各自为政，技术上的局限性也造成了府院协作的障碍。但大数据技术作为有前景的包容技术可以打破此边界，数据共享中台的存在可以让政府内部的各部门与人民法院形成有效的协作机制，数据可以自由流通和利用，而不会成为信息孤岛。

政府部门和人民法院在个人破产复权制度中要坚持以问题为导向，追求实效，围绕大数据技术建立信息平台，利用平台的运行规则，法院、经信、国资、市场监管、税务、人社等多个部门联动，对配合衔接等各项保障机制进行全面优化。

目前各省市已经注意到府院协作中信息互通的重要性，并出台了一些相应的规定。如2019年温州市政府为解决个人债务清理工作中的问题，出台了《企业金融风险处置工作府院联席会议纪要》，要求各职能部门协作配合，共同推进个人债务集中清理工作，要求各部门之间的协作贯穿每件案子的前期审查、程序进行以及后期监督等全过程；特别明确信用办、金融办、人民银行、公安司法、市场监督等部门的职责任务。在《深圳经济特区个人破产条例》中的破产登记制度也注重发挥个人征信系统的作用，要求公开债务人登记信息，强调政府部门的配合。《深圳经济特区个人破产条例》第162条体现了府院结合：管理人可以持人民法院的指定管理人决定书向公安、民政、社会保障、税务、市场监管等部门调取债权人、债权人相关信息资料。

府院配合还可以为破产债务人提供个性化的破产复权方案。如2020年12月21日，广东省高级人民法院发布的"王某慧、肖某翠个人债务清理案"就属于根据大数据制定精准化的破产方案并执行的案件。该案件是广东全省首例"个人债务清理"案件。根据广东省高级人民法院的案情通报，王某辉、肖某翠所有的东莞某化工有限公司因经营不善而破产。夫妻俩因担保欠下3家金融机构近600万元的债务。两人的一处房产已抵押给中国建设银行。肖某翠月工资收入约8000元，法院已冻结其工资卡。他们俩有长辈要赡养，同时还要抚养两个正在读书的孩子。东莞市第一人民法院没有简单地按照一般的执行程序终结，而是鉴于两人良好的征信记录，确定债务重组方案：①被执行人配合法院处分房产,并依法依序分配所得款项;②每月生活费保留3000元,剩余收入用于偿还债务;③确定10年破产保护期,其间符合各项规定,到期免除债务及复权。也就是说,根据债务人的具体情况,法院并未采用通常的执行手段,而是为其量身定做了破产重组计划,并确定了复权的期限。而这个计划的制定和执行也有赖于大数据的应用,得以确定每月生活费及复权期限。但在通过网拍方式拍卖了房产以后,第一次债权人会议上又基于债权人为国有银行的背景进行了修改。债权人要求10年期满不自动免除王某慧、肖某翠的债务。而每月的豁免财产标准随着王某慧夫妇的收入情况,在6000元/月之下浮动。最终《执行和解协议》签署,完成了个人破产和解程序的流程。

以上案例可以说明,在个人破产复权制度的建构中,我们不太可能通盘采用一种固定的制度,而需要设置一定的浮动指标,并要根据破产申请人的具体情况制定相应的计划。而制定计划及失权期间的监测、复权的判定均需要利用好大数据技术。政府部门可以向债权人公开某些债务人的数据,从而打破政府民众之间的边界,债权人根据从政府部门获取的信息做出判断,改变了过去的信息不对称的状态。这样提升了债权人的信心,促使破产方案能够通过,也便于后期的执行。这些依托大数据技术的府院协作制度对发挥个人破产制度的最大效益,实现债权人止损、受益,以及债务人回归经济社会,维护社会稳定,树立民众正确的破产复权观念具有重要的意义。

(五)破产复权债务人隐私权保护

在信息化日益发展的时代,个人隐私权保护成为社会关注的焦点,我国的隐私权保护工作自《民法典》出台后,有了长足的进步,相关部门在个人破产制度中,为了防止债务人逃债,设置了相应的信息公开规定,但与保护债务人个人隐私并不相悖。防止债权人过度干涉债务人个人生活是体现对债务人的人文关怀,因此建议法院审理个人破产案件时,应采取对债务人的隐私保护措施,尤其是对配偶、未成年子女的隐私保护,如《权利义务告知书》中,告知隐私权保护的相关义务;或以《隐私权信息使用范围告知书》限制债权人及管理人对所获取的隐私权信息的管理和使用。党的十九大报告明确在行政管理中加大互联网、大数据、人工智能的运用,要建立健全制度规范,加大数字政府建设力度，实现数据共享，重视个人隐私权保护。在将大数据技术应用于破产复权制度的过程中，要非常注意个人隐私的保护。

在个人破产过程中破产人的权利是受到限制的，有诸多的报告义务。如《深圳经济特区个人破产条例》规定，破产人要报告包括破产申请、财产以及债务状况、重整计划或者和解协议、破产期间的收入和消费情况等。借款1000元以上或者申请等额信用额度需要报告，离开居住地需要报告，出境更是要向人民法院报告，经批准后才可以离境。甚至包括债务人的配偶、子女、共同生活的近亲属都要配合人民法院、破产事务管理部门和管理人调查。由于破产申请人在破产流程中要将这些涉及个人隐私的数据提交至人民法院、破产事务管理部门和管理人，所以要非常重视避免个人的隐私数据被不法采集并泄露。同样，在数据的应用环节和交互环节，也要防止数据泄露。

目前，从我国立法层面看，已有关于个人信息保护的相关规定。首先，明确了个人信息的定义，例如《民法典》第1034条、第1035、第1036条、1039条界定了个人信息的概念，划分了个人信息的具体范围，提出了私密信息概念，以及隐私权实用问题，确定了信息处理的原则、条件和免责事由，规定了国家机关及其工作人员对于履行职责过程中知悉的自然人的隐私和个人信息，应当予以保密，或者向他人非法提供。另外，《中华人民共和国网络安全法》《中华人民共和国数据安全法》《中华人民共和国个人信息保护法》均对个人信息的概念、安全监管和保护的各个方面及各个环节做了相应的制度安排。特别是2021年6月10日由全国人大常委会通过的《中华人民共和国数据安全法》第五章针对政务数据的开发利用规定了明确的安全责任。

在破产复权的制度建构中，需要运用利益平衡原则进行协调，平衡债务人信息披露的义务和隐私权的保护。同样也可以使债权人和债务人双方的利益以优化的方式实现共存和相容。在保证财产申报准确完善的同时，也要保障债务人的基本权利不受侵犯，避免其隐私信息遭到不法利用。

三、社会保障成为每个人的基本需求

（一）社会保障制度对于破产复权实施的意义

个人破产复权制度的目的是保护"诚实而不幸的债务人"的生存权和发展权，体现人文关怀。人权思想贯穿了个人破产制度的整个环节，并在复权制度的闭环上决定了破产制度设立的最终目的是否达成。个人破产会使破产债务人失去破产财产，在一定时期内经济能力相对弱化。如果破产的失权期间破产债务人的信用收到比较负面的评价，即使启动破产复权程序，破产债务人也很难短期内寻找到合适的工作并回归正常的生活及经营。在法治进步的情况下，此段困难期间就需要建立完善的社会保障制度予以保障。

社会保障制度首先要保障债权人及供养家属的生存权。生存权是最基本的权利，即使债务人选择了破产程序，在破产程序的进行过程中及破产复权之后仍然要保留自己作为自然人的主体资格，也不可能使自己丧失尊严甚至将生活水平降至贫困线以下，需要满足基本生活的需要。否则债务人根本不可能选择破产程序，破产复权的法条也将成为具文。因此为使个人破产复权制度获得适用空间，个人破产制度中应界定破产财产的范围，允许破产债务人留存相应的豁免财产，并辅以复权后相关社会保障制度的建设。

（二）个人破产中关于豁免财产的法律规定

豁免财产是指属于破产债务人所有的，不被用于破产分配的财产。豁免财产制度是个人破产制度中体现人权保护的具体举措，它能够保障破产债务人及其供养家属的生存权与发展权。"当债务人获得免责、退出破产并获得全新开始时，他们首先应该有足够的财产以满足自己和家人在破产后的最低的生活需求，必要时包括最低的业务需求。"[1] 试想一下，如果破产债务人生存权面临威胁，发展权受到限制，则其基于趋利避害的考虑根本不会申报破产程序，甚至可能因此陷入沮丧、失望的负面情绪而影响社会的稳定和谐。

豁免财产并非本身不能作为清偿债务的破产财产，而是立法者通过利益

---

[1] 自然人破产处理工作小组：《世界银行自然人破产问题处理报告》，殷慧芬、张达译，中国政法大学出版社2016年版，第92页。

平衡的考量将其从破产财产中分离出来作为个人破产中的社会保障制度，因此豁免财产的豁免范围及程序需要慎重考量。我国在划定个人破产的豁免财产范围时，应遵循保障债务人及供养亲属生存权和发展权原则、适度保障原则以及保障债务人人身专属性财产的原则，充分借鉴其他国家的经验。就其他国家来看，豁免财产的范围大致有如下几种类型："（1）保障债务人及其家人基本生活的财产，包括家居物品、生活消耗品与生活费用；（2）有助于债务人继续发展的财产，包括职业工具、交通工具以及与子女接受教育相关的财产；（3）专属于债务人的财产或者财产性权利，包括具有重大精神价值或特殊使用价值的财产、具有强烈人身专属性质的财产或者财产性权利。"[①] 关于破产债务人进入破产程序后取得的财产是否属于破产财产的问题，全世界有两种原则。一种是将破产程序开始后至破产程序终结期间债务人获得的财产均作为破产财产，即膨胀主义。另一种是以破产程序的开始为界，其之后取得的财产收入均不纳入破产财产，即固定主义。可以明显看出，膨胀主义更站位于债权人的利益，导致破产债务人在整个程序终结前的权利受限，而固定主义则反之。各国采用何种原则并无优劣之分，需要结合法律传统及现实情况予以确定。美国及日本主要采用了固定主义，而德国和英国主要采用了膨胀主义，但也会兼顾其他原则的适用，最终各国的破产财产原则在实践中都发展为混合模式，只是有所侧重。《深圳经济特区个人破产条例》第36条规定了豁免财产的范围："（一）债务人及其所扶养人生活、学习、医疗的必需品和合理费用；（二）因债务人职业发展需要必须保留的物品和合理费用；（三）对债务人有特殊纪念意义的物品；（四）没有现金价值的人身保险；（五）勋章或者其他表彰荣誉的物品；（六）专属于债务人的人身损害赔偿金、社会保险金以及最低生活保障金；（七）根据法律规定或者基于公序良俗不应当用于清偿债务的其他财产。"财产价值较大、不用于清偿债务明显违反公平原则的，不认定为豁免财产，且豁免财产累计总价值不得超过20万元。

就《深圳经济特区个人破产条例》第36条的规定而言，其主要对豁免财产采用了概括的方式进行规定，列举了一些类别。其中第（一）项是保障债务人及其扶养人的生存权。第（二）项是保障债务人未来的发展权。第

---

① 胡利玲：《论个人破产中豁免财产范围的确定》，载《经贸法律评论》2019年第4期。

(三)到第(六)项保留了对债务人有人身专属属性和精神属性的财产。第(七)项则是兜底的规定。本书认为,《深圳经济特区个人破产条例》对豁免财产规定较为笼统的原因主要是借助试点的实行进行调研,因此保留了更多法官自由裁量的空间。但又为了防止失之宽泛,再结合深圳地区的实际经济水平,给出了豁免财产总价值不超过20万元的上限。但在条件成熟之后进行全国统一的立法时,在此基础上应就一些问题加以改进。

首先是豁免财产总额的限制。譬如《美国破产法》中规定了12种豁免财产,对其中大部分类别都设定了最高价值的限制,这样在实际适用时显得易于操作。在进行全国统一立法的时候,考虑到各地法官的水平和实际情况不同,既应该对法官的自由裁量部分进行一定的限制,避免出现较大的争议;同时又不能过于死板,要在一个合理的区间范围内进行限额,尽可能与债务人所处地区的经济发展水平、家庭和负债情况等要素相匹配。

其次是对豁免财产种类的划定。我国应借鉴英美法系国家关于豁免财产进行列举式的立法模式,以便对"必需"和"合理"的豁免财产有统一的价值衡量。在其他国家的破产法中对于生活必需的财产,如衣物、寝具、家具、食品甚至燃料等,对于职业发展的必需的物品包括专业书籍、职业器具、农具、肥料等都作了详尽的规定。明确的规范有助于债务人了解破产程序启动后的生活状况,也有利于债权人预期债权清偿的可能性,同时也能为破产管理人制定破产方案提供依据。此外,还要考虑个人破产程序中豁免财产与执行程序的对接问题。豁免财产与《最高人民法院关于人民法院民事执行中查封、扣押、冻结财产的规定》(法释〔2004〕15号)中不得查封、扣押、冻结的财产有交叉的内容。但不得查封、扣押、冻结的财产主要就是为被执行人及其扶养家属保留必需的生活物品、最低生活保障标准的费用等,并不包括保障被执行人发展权的财产。此外,对于一些实践中争议较大的财产是否要列入豁免财产,如价值高昂的唯一房产、车辆、职业工具以及对债务人有特殊含义的首饰等,都应该给出指导性的意见。本书认为,既要考虑债务人生存权和健康权的问题,也要防止对债权人权益的过度侵害。在能够找到低价值替代品的情况下,可以变卖高价值物品以后购买低价值物品进行替代,并将差额计入破产财产中。

最后是采取何种原则界定破产财产的范围。《深圳经济特区个人破产条例》第84条规定："债务人被宣告破产后，债务人财产为破产财产。"第90条规定："破产财产分配方案应当载明下列事项……（六）债务人未来收入的分配方式。"第99条规定："管理人负责监督债务人考察期内的相关行为，审核债务人提交的年度个人收入、支出和财产报告，按照破产财产分配方案对债务人年度新增或者新发现的破产财产进行接管分配。"

上述条款表明，债务人在通常为三年的考察期内新增的财产包括劳动收入都会被纳入破产财产的范围进行分配。实际上实行了膨胀主义。按照深圳市中级人民法院审理的深圳破产重整第一案，梁某因为在创业失败后到一家公司担任产品结构工程师，每月收入约2万元。由于他具有未来的收入，因此适用了破产重整程序。在三年考察期内，梁某夫妻除了每月用于基本生活的7000元以及一些生活生产必需品作为豁免财产，其余的收入均用于偿还债务。但有学者认为，破产债务人的劳动权是《中华人民共和国宪法》第42条赋予的专属人身权利，劳动力并非破产财产，所以劳动者并无义务为破产财产而工作。梁某案表明，个人破产制度适用于梁某这种有能力赚取劳动报酬养活自己和家人，但因为各种原因导致承担过重债务的人群。但对破产财产适用膨胀主义仍需要慎重，因为如果破产债务人知道自己的收入都要归入破产财产用于还债，而一点都不能用于改善生活，这对其是一种心理压力，会挫伤其在考察期内积极劳动或者努力生产经营改变自身现状的积极性，容易影响偿债的效果。

所以，在复权制度及其前序制度设计上，需要能够保障债务人及其供养家属的生存权利和提供最低的生活保障，并且考虑到债务人未来的发展权。对豁免财产的总额加以限制，对豁免财产的种类予以限定，对豁免财产要谨慎使用膨胀主义。当然，其中仍然涉及利益平衡的问题，债权人的利益和债务人的利益处于价值衡量的两端，不能过于偏向一方导致明显的不公平。

(三) 破产复权还依赖于其他社会保障机制

破产债务人受惠于申报财产和豁免财产制度，但破产复权后，仅靠其有限的豁免财产还是难以走出困境。为了保障破产债务人及其扶养家属的生活，切实保护其发展权，还需要增加具有人文关怀意义的社会保障制度。

首先，各地的人力资源和社会保障部门可以为破产自然人提供政府补贴性就业创业培训，包括职业技能培训、创业培训等。毕竟"诚实而不幸的债务人"仍然有重返社会经济生活的可能，如果能通过培训获得相关技能，也能让其在破产复权后尽快地开始新的生活。

其次，政府部门还可以联合一些社会机构，举办面向破产债务人的心理健康辅导讲座，以便让破产债务人在破产程序期间保持乐观积极向上的心态，做到自我调适，能够正视并缓解压力，并在破产复权之后以积极、健康向上的心态继续投入到工作与生活之中。

最后，根据个人破产的具体情况制定相应的优惠措施。假如是因为创业导致破产，综合考虑破产人是否欠债及清偿比例、创业的商业模式以及知识产权等因素，可以考虑由金融机构给予一定数额的低息贷款，或者税务部门给予税收优惠。如果是因突发性的不可抗力如自然灾害等导致大规模的个人破产者出现，《关于做好四川汶川地震造成的银行业呆账贷款核销工作的紧急通知》提供了可以借鉴的方法。2008年，汶川大地震给地方和个人造成了巨大的损失，地震还留下了一部分呆账贷款，核销工作十分艰难，该通知提出了合理的解决方案：以保险赔付、担保追偿都不能还清的债务，全部核销，债务人获得破产复权。这种临时性的政策在此后的个人破产复权制度中可以进一步地借鉴。

四、法治进步推动公众法律观念转变

如前文所述，我国传统法律文化中主要是秉承欠债还钱的观念，缺乏破产免责的文化土壤。债务人在无法偿还全部债务时，并不会主动考虑适用破产复权的程序免除债务及恢复权利。无论是债权人还是债务人都认可需要清偿债务，甚至以劳役抵债直至清偿完成，但1906年清朝制定《大清破产律》时破产相关内容已经有所涉及，尽管囿于当时清朝政府法律移植的目的、手段方法和社会环境并未使破产免责的观念深入人心，但也给后来者留下了经验和反思。而随着北洋政府借鉴日本制定了《破产法（草案）》，南京国民政府参酌西方破产法通行的规则制定了《破产法》，新中国成立后学习了部分苏联法律，一次又一次的法律移植使得传统的家族伦理法治观念不断更迭，个人本位的立法精神得到倡导。1986年12月，第六届全国人大常委会第十八次会议审议通过了新中国成立以来的第一部破产法——《企业破产法（试

行）》。历经十余年的起草实践，2006年8月27日颁布了《中华人民共和国企业破产法》。最高人民法院也随之出台了众多关于破产方面的通知和意见。这都标志着中国特色社会主义法治体系的进步，而为了更大地激发市场活力和社会创造力，保障破产法的市场化和法治化实施，建立起个人有序退出的破产机制势在必行。法治的不断进步，破产实践的不断积累已经为社会公众转变观念做好了准备。

我国法律体系的建构，主要是从国家主权的框架内分门别类地建立法律部门。法律体系通常是指由一个国家的全部现行法律规范分类组合为不同的法律部门而形成的有机联系的统一整体。[①] 在以立法为导向的法治现代化路径中，国家不应完全直接地决定立法的价值取向，而应该结合市场对公平、效率、自由等价值观的要求，形成更具有包容性的法律渊源。但国家确实需要在立法的过程中自上而下地起引导作用。在个人破产复权制度的建立过程中，相关政府部门已经逐步制定并发布多项关于个人破产的政策，与之相呼应，民间学界和实务界也在充分讨论和调研的基础上，将关于个人破产的理论和经验进行总结提炼，并向社会发声。如2018年6月，由中国法学会银行法学研究会联合多个部门举办了"个人破产立法与营商环境"国际学术研讨会，来自中国、日本、澳大利亚、美国、英国以及世界银行和亚太经济合作组织（APEC）的个人破产法学者、对个人破产制度持续关注并寄予厚望的法官、立法工作者、律师共同探讨了全球个人破产法的现状和改革方向，也涉及个人破产复权制度的设计。2019年国家发展改革委发布《加快完善市场主体退出制度改革方案》提及要重点解决企业破产产生的自然人连带责任担保债务问题。逐步推进自然人符合条件的消费负债可依法合理免责，最终建立全面的个人破产制度。2019年8月出台《中共中央、国务院关于支持深圳建设中国特色社会主义先行示范区的意见》，最终推动个人破产条例在深圳破冰。这些导向性宣传都为社会公众接受个人破产和适用破产复权程序奠定了深厚的基础。这也使得深圳的梁某在面临催债压力的绝望之时，得知全国首部个人破产法规《深圳经济特区个人破产条例》在2021年3月1日正式施行，于是在3月10日向深圳市中级人民法院申请个人破产重整。这是因为国家的引导

[①] 张文显：《法理学》，高等教育出版社2007年版，第98页。

已经在社会民众中形成了相当的认知。截至 2021 年 7 月 16 日，深圳中级人民法院的"深·破茧"系统已经收到 615 件申请。这些数据都说明法治进步和国家导向使得民众对于个人破产复权的传统观念正在从拒绝转变为支持，观念要件已经基本达成。

第二节 个人破产复权制度的效用分析

一、法律制度的成本与收益分析法

民众对个人破产复权制度的接受度低，原因主要在于不能充分理解破产复权制度的社会效益。根据法经济学的原理，分析一项法律制度时，既要看到其带来的效益，也要计算成本并考量可能造成的负面影响，但只要总的收益是正向的，就有实践的价值。是否需要立法应当结合 3 个方面进行考量，即法律是否适应需求，是否能降低法律成本，是否能提高法律效益。因此本书就个人破产复权制度的社会效益进行法经济学分析，论证个人破产复权制度的优势。

成本效益分析是经济学上的基本分析方法，该方法首创于 19 世纪。"在法国经济学家朱乐斯·帕帕特的著作中，被定义为'社会的改良'。其后，这一概念被意大利经济学家帕累托重新界定。到 1940 年，美国经济学家尼古拉斯·卡尔德和约翰·希克斯对前人的理论加以提炼，形成了'成本-收益'分析的理论基础即卡尔德—希克斯准则。也就是在这一时期，'成本-收益'分析开始渗透到政府活动中"。[①] 罗伯特·考特和托马斯·尤伦在其所著的《法和经济学》中提到："就同一个法律规则而言，法学家维护的是公正，经济学家维护的是效率。在绝大多数情况下，经济方法和法律方法常常是殊途同归。"

法律是一种公共产品，并非服务于个别人或部分群体，而是为了广大人民的利益。汉代张释之有句名言，"法者，天子所与天下公共也"。法律作为上层建筑，只能由国家制定并执行，因此具有了资源的稀缺性，因为任何立法、司

[①] "成本效益分析"百度词条，载百度百科网，https://baike.baidu.com/item/%E6%88%90%E6%9C%AC%E6%95%88%E7%9B%8A%E5%88%86%E6%9E%90/5555681?fr=aladdin，2021 年 7 月 25 日访问。

法活动都会有相应的人力资源与财政资源的消耗，资源是有限的，不可能无限支取，因此同样面临如何配置法律资源以求得更大的社会效益的问题。

成本效益分析中的成本概念，是指立法机关在实施某项法律制度的整个过程中所投入的全部物质资源和人力资源。立法的机会成本，即选择一种法律调整方式而放弃另一种法律或者非法律调整方式的代价。选择不同法律制度时，不同选择之间的效益差别就是机会成本。因此在讨论机会成本的时候，主要考虑是选择法律还是采用私力救济、道德等方式调控，或者使用其他法律规范调控能取得更好效果的问题。所选择的方案效益不得低于其机会成本的方案才是可取的方案。立法的边际成本，是指产生同样效益带来总成本的增量。在某个领域开始投入法律供给时，为了追求最好的效益而持续进行投入，但到了一定的均衡点后开始饱和，成本增加而效益递减。

效益是有用效果的货币表现，如不能合理地使用货币来表示效益，可用相应的结果指标，即各种效果指标来展示收益。立法的效益可以大致分为政治效益、经济效益和社会效益。就我国的立法而言，政治效益是指该立法是否代表广大人民的利益，是否有利于国家的统治。经济效益是指该立法是否有助于社会主义市场经济的发展，促进生产要素的配置。社会效益是指该立法是否能保障社会稳定，是否能得到民众的认可，获得好的法律效果。

在法经济学上，成本效益分析需要通过比较立法决策的成本和效益来评估法律制度的价值，以便用较小的成本获得较大的收益。只有效益成本比大于1，立法才有实际的意义。当然，法经济学的分析方法也有一定的局限性。第一是立法工作毕竟不是完全的经济活动，因此如果社会有需求，民众有要求，就有必要进行立法，投入相应的成本，而非以节约成本为首要的考虑因素。第二是法的首要价值是正义。尽管法也有自由、秩序、民主等价值，但它们都要从根本上服从于正义。立法不可能为了效率完全牺牲掉正义。同样地，过度追求正义，也可能导致效率极其低下，进而造成程序过程的不公正。第三则是更为艰难的技术问题。法经济学的创始人之一，耶鲁大学法学院教授圭多·卡拉布雷西（Guido Calabresi）在其2016年的著作《法与经济学的未来》中提到，市场和公权力在分配资源时，需要将"道德成本"（moral cost）纳入法经济学的模型中去，但现实中法律是通过政府强制和鼓励的双重手段来引导民众完成善意行为，满足道德需求的。由于个人破产的实效与民众的观念关联紧密,也涉及债权人对债务人的"宽恕",因此我们理应将道德成本纳入,但这需要极为复杂的调研。囿于笔者的经验和水平,还有待于其他研究者以后做更为深入的研究,但总而言之,通过比较个人破产复权制度在市场经济环境下的立法决策成本和效益,当效益成本比大于1的时候,可以得出应当建立个人破产复权制度的结论。

二、个人破产原因的法经济学分析

(一) 个人举债的原因

个人破产在经济学上的意义就是个人在举债之后,其收入和财产不足以清偿到期本应承担的债务,由法院依法宣告其破产,并对其财产进行清算和分配或者进行债务调整,免除其债务的处理方式。

分析个人破产原因之前应先解决一个问题,就是个人为什么要负债。这需要引入经济学的第一个模型即"理性人假说",经济学是研究面对问题的时候如何用经济学的视角进行分析,用逻辑推导并预测人的行为。"理性人假说"是逻辑链条的起点,即作为经济决策的主体是充满理性的,在一定的约束条件下,所追求的目标使自己效用最大化。而个人或者商主体,尤其经营企业的商个人,在进行商事活动时,单纯依靠自有资产,可以达到一个效用水平,但出于理性经济人对效用最大化的向往,个人倾向于通过举债借助外部的资金来源,加上自身的资产,实现个人效用的最大化。就过往的消费习惯而言,单纯进行储蓄型消费,以自有资产满足个人消费需求,则既无须举债,也不会出现个人破产的情况。但事实上,为了获得更好的生活、经营条件或更大的效用,个人必然考虑举债,透支部分未来的收益。

现实情况就是这样,特别是随着银行信用产生和发展,经济体中的货币主要以负债的方式产生。咨询公司荣鼎咨询(Rhodium Group)的数据显示,2015年至2019年,中国的家庭债务存量增加了约4.6万亿美元。[①] 居民对自身收益和企业对利润最大化的追求是构成市场经济竞争的基础。而对于每一个负债主体而言,都要赚到比当初负债更多的收入才能归还负债的本金和利息。

---

① 经济学人·商论:《中国家庭债务存量激增,首部个人破产法恰逢其时?》,载新浪微博网,https://weibo.com/ttarticle/p/show?id=2309404583545896042712&ivk_sa=32692,2021年9月14日访问。

对于企业而言也是同样的情况，企业举债经营意味着从信贷投放的渠道获得了更多的初始分配货币，不但有助于社会闲散资金的利用，也促进了流动资金的运转。从经济学的角度而言，可以有效地发挥财务杠杆效应。因为举债支付的利息与企业盈利的多少无关，属于固定支出。如果企业总资产的收益率发生变化，也会给企业投资人收益带来巨大的变化。我们可以用财务杠杆系数（DFL）评价企业财务风险，财务杠杆系数是指普通股每股税后利润变动率相对于息税前利润变动率的倍数。

DFL为财务杠杆系数；ΔEPS为普通股每股利润变动额；EPS为变动前的普通股每股利润；$\Delta EBIT$为息税前利润变动额；$EBIT$为变动前的息税前利润；I为利息费用，则$DFL=(\Delta EPS/EPS)/(\Delta EBIT/EBIT)=EBIT/(EBIT-I)$[①]。

经营得当，举债筹资而带来的资金报酬率大于原有资金报酬率。企业投资收益率大于负债利息率，则为正效应；反之，企业投资收益率小于负债利息率，则可能导致企业破产。

通过上述分析可以得知，不管是个人消费者还是经营企业的商个人，只要存在着对更大效用的追求，都会通过举债的方式获得更大效用，同时也就存在着破产的可能性。从立法的角度，我们似乎也可以从加强监管方面，减少甚至停止个人信贷的发放，但采取这种措施并不能取得好的效果，会显著压制个人消费的需求渴望，也不能发挥企业的活力，甚至出现"流动性陷阱"。

（二）柠檬市场与逆向选择

对于市场主体而言，个人独资企业、合伙企业和个体工商户等商主体可能会导致投资人承担投资失败的责任。在现行法律法规中，如果设立法人企业即可以获得有限责任的待遇，即企业法人承担无限责任，而投资人以投资额为限承担有限责任，这是有限责任制度的优势，克服了过往股东承担的因企业破产而导致个人破产的风险。但从前文我们所分析的一些案件来看，不只是初创公司，很多大型公司的破产案件也会牵连其股东，这也可以从经济学原理中得到解释。1960年，美国经济学家乔治·阿克尔洛夫在其论文

[①] 《财务知识：财务杠杆系数》，载雪球网，https://xueqiu.com/2504698885/136456952?share-time=2, 2021年8月20日访问。

《"柠檬"市场：品质不确定性和市场机制》中阐述了一个现象，即逆向选择（Adverse Selection），是指由于交易双方信息不对称和市场价格下降产生的劣质品驱逐优质品，进而出现市场交易品平均质量下降的现象。

在商事经营中，由于中国的征信体系并未完善地建立起来，所以出借人和借款人之间存在着严重的信息不对称现象，借款人清楚自身的情况和偿债能力，但是出借人很难获知真实的情况。在企业需要举债的时候，企业作为借款方，其还款的能力其实并不为出借方所知。银行可以凭借其较为完善的风险信用防控体系，做严格的尽职调查，并要求债务人提供足额的担保。但在长三角和珠三角等经济发达的地方，有大量的政府或民间闲散资金需要找寻渠道消化，这种情况下，在总体贷款违约概率较小的时候，出借人会放宽资金的出借要求，赚取更多相应的收益。但从逆向选择的理论可以得出，市场上的劣质借款人会逐渐增多，特别是随着国内经济下行压力加大，消费增速减慢，债务人不能清偿债务，违约的情况更多。这种情况下，出借人在向企业借出款项的时候，常常会要求其股东、实际控制人或者高级管理人员甚至其配偶和成年子女作为债务的连带担保人。一方面在没有个人破产制度的情况下，个人对债务承担无限责任，这种压力会在一定程度上避免投资人的道德风险。另一方面出借人也因此期望由连带保证的个人兜底，减轻或者放宽对借贷风险的调查和把控。但这种做法确实存在着较大的风险，而且风险随着连带担保责任直接危及担保人的生存，诱发了更多的不稳定因素。

此种情况在创新创业公司更为明显，由于对初创企业未来盈利能力的不确定性，投资方和融资方通常会与其签订对赌协议，2019年11月14日最高人民法院发布《全国法院民商事审判工作会议纪要》（法〔2019〕254号），其中提到"实践中俗称的'对赌协议'，又称估值调整协议，是指投资方与融资方在达成股权性融资协议时，为解决交易双方对目标公司未来发展的不确定性、信息不对称以及代理成本而设计的包含了股权回购、金钱补偿等对未来目标公司的估值进行调整的协议"。[1] 正是由于创业和投资市场充满不确定性，类似柠檬市场，所以投资人为减少投资风险、保护自身利益会与融资方

---

[1] 最高人民法院：《最高人民法院关于印发〈全国法院民商事审判工作会议纪要〉的通知》，载中国法院网，https://www.chinacourt.org/law/detail/2019/11/id/149992.shtml，2021年8月20日访问。

签订对赌协议。

如果制定个人破产制度，对借款人有利，对出借人也有利，对社会同样可以促使资源的流动，使经济更加活跃。特别是对出借人而言，个人能通过破产进行复权，必然促使出借方或者投资方更加谨慎地考察资金的使用情况，作出详尽的尽职调查，而不是因为个人无限责任轻率地出借或者投资造成风险。这样更加有利于市场的良好运作。

三、破产复权制度对债务人的效用

从债务人角度进行经济学的分析，破产复权制度对债务人显然有重大的意义。债务人选择破产程序的目的是摆脱债务包袱，因此免责制度的设定是最为必要的。债务人选择破产程序的成本是能够清偿的债务额及法律给予的权利限制。相应来说，个人破产制度的目的不是惩罚债务人，近代以来则更多体现人文关怀，鼓励债务人尽可能偿还债务，早日重归正常的经济及社会生活，因此必须给破产债务人的失权状态划定期限，通过制定程序终结失权的状态，这就有了复权的制度。因此，免责、失权及复权制度既能体现个人破产的惩戒主义，又能兼顾对债务人的人文关怀，属于个人破产中的核心制度。

相较以执行方式进行债务清偿的制度，债务人清偿的数额必然是小于债权额的，消费限制和资格约束等都属于破产的成本。但破产成本设置过高，在一定程度上也是社会的无谓损失。同时，个人破产成本也不能过低，以至于诱发更多的恶意逃废债行为。但总体来说，债务人采用个人破产制度的效益成本比不但大于1，而且对债务人的效益远超现有的执行制度。

同时，个人破产制度需要筛选出"诚实而不幸的债务人"，诚实信用是破产复权程序遵循的首要原则。《深圳经济特区个人破产条例》在申请破产程序之时就要求债务人向法院提交《诚信承诺书》，避免出现道德风险。道德风险虽然主要应用于委托代理问题（principal-agent problem）的研究之中，但也可以阐述破产复权中的道德风险问题。因为在破产申请前，债务人面对破产复权的法规具有同一性，但老赖债务人和"诚实而不幸的债务人"申请破产之后的行为与破产管理人之间会产生信息不对称，因此容易引发道德风险。在这种情况下，势必要加强监管和追责措施。即便某些想通过个人破产逃债的老赖债务人通过了初始材料的审查，人民法院予以破产立案，也必须在后续设计的一系列破产信息公示、法官听证、管理人调查、债权人会议、免责考察等多个法律环节中进行监控。

即便老赖债务人获得免责裁定，一经发现违反破产债务人义务的行为，法院应根据破产进程分别作出不予受理、驳回申请、不予免责或撤销免责的裁定，并严格追究破产欺诈的法律责任，基本实现终身追责。在严格的责任制度下，责任带来的成本需要远远大于老赖债务人可能获得的收益，才能降低老赖债务人利用破产复权的概率。当然，破产管理人要发现老赖违反破产债务人义务的行为是需要成本的，并且有可能无法查明违规行为。学者易有禄和万文博给出了一种公式的计算方式："按照汉德公式，破产裁定机关对破产原因的查明是需要花费时间的，而且也存在一定的概率 P，假设恶意破产人收益为 Y，惩戒力度为 B，则 $B \times P > Y$，P 按照人力成本、社会资源的调动情况呈反比例下降。"① 汉德公式是美国著名法官勒恩德·汉德在美国政府诉卡罗尔拖轮公司一案的司法实务中提出的，主要从成本和损失的角度考虑是否应当采取适当的措施进行防范。恶意破产人被破产裁定机关惩戒的成本收益变化如图 3-2 所示。

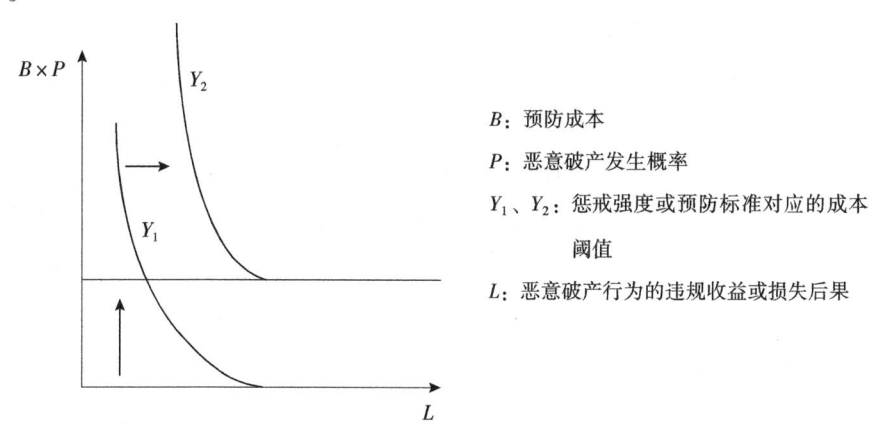

B：预防成本
P：恶意破产发生概率
Y_1、Y_2：惩戒强度或预防标准对应的成本阈值
L：恶意破产行为的违规收益或损失后果

图 3-2　恶意破产人被破产裁定机关惩戒的成本收益变化

四、破产复权制度对债权人的效用

从债权人的角度考虑破产复权制度，其显然遭受了一定的不利益。首先，

---

① 易有禄、万文博：《个人破产的法经济学分析》，载《江西财经大学学报》2019 年第 5 期。

个人破产制度使得债权人无法完全主动地控制债权的追偿，债权人同意要件曾经在历史上是免责的基本前提，但现代个人破产制度受社会效用理论的影响，弱化甚至取消了这一要件。其次，破产免责制度使得债务人通过考验期后能获得部分债务的豁免，导致债权人的债权不能完全实现。最后，从债权人的心理来看，即便是不能真正执行的名义债权，也聊胜于无，总还有将债务人拉入失信被执行人名单的可能性。如果破产债务人通过复权制度回归正常经济社会，基于"破产有罪"的惩罚目的则无法实现。因此要考虑这方面的损失。债权人虽然在破产复权制度中遭受了不利益，但在整个破产制度中仍然有相应的利益。正如美国政治家丹尼尔·韦伯斯特在1798年所说的："我相信，通过制定破产法，债权人将极大地获益；我非常有信心社会利益由此得到促进；我尤为确信，让债务永恒化的权力不会给债权人带来任何好处。"①

债权人无限追责是难以真正实现债权的，申请破产的债务人基本都是无法偿债或全部偿债的个人，个人破产制度则可以防止不公平的清偿和欺诈行为，避免了债权人遭受更大的损失，稳定市场秩序。这在3个方面有所体现：

第一，个人破产制度可以增加债权人的受偿概率。个人破产实际上是债务人和债权人基于彼此需要和现实情况的一种妥协。"债务人合作理论"认为："免责是摆在债务人面前的诱惑，诱使债务人在破产案件中与债权人、破产管理人就债务人资产的定位、收集和清算进行合作。如果债务人合作，就准予免责；如果不合作，则不予免责。"② 由于债务人的主动配合，或者债权人行使撤销权、无效、债权确认等权利，可供全体债权人分配的破产财产可能增加，并减轻了追偿的难度。全部的债权人能得到债务人能力范围内最大比例的偿还，如个人破产制度采取膨胀主义，一定期限内的收益也会纳入破产财产用于分配。

第二，个人破产制度可以公平地进行分配。当进入个人破产程序后，债权人就无须再通过私力救济的方式进行追偿，而是在法治监管的框架下合理进行，避免了债权人之间由于救济能力不同导致的不公平现象。债务人也被禁止进行个别清偿，而由破产管理人协同相关政府部门全面清理财产，挖掘

---

① Charles Warren, *Bankruptcy in United States History*, Cambridge, Massachusetts, Harvard University Press, 1935, p.67.

② 徐阳光：《个人破产免责的理论基础与规范构建》，载《中国法学》2021年第4期。

债务人较为真实而全面的财产情况。债权人可以参与破产程序中，如出现债务人违反义务的行为或者债权人对破产管理人决定、法院裁定有异议的，均有相应的救济权利。

第三，对于整个市场而言，构建完整的破产程序有助于稳定市场。个人破产制度的建构必须配套相应的征信制度和财产申报制度，这有助于未来市场的繁荣和稳定。债权人能够通过征信制度充分了解债务人的经济情况和经营能力，进行良性的借贷，避免闲散资金的浪费，促进中国特色社会主义市场经济的繁荣。有了破产免责和复权制度，债权人对债务的风险预期会提升，审慎地作出是否借贷的决定，减轻无法实现债权的风险。如果债务人经济情况发生变化，债权人也会加强债务的回收和管理，更加理性地决策。

概言之，从宏观层面而言，破产复权制度对于债权人是有益的，就微观层面、个别人而言则可能不利。因此如何衡平债权人与债务人之间的利益，是构建个人破产复权制度必须充分考虑的问题。

五、破产复权制度的社会总体效用

从社会的角度来看，只要破产复权制度总的收益是正向的，就有实践的价值。因此我们极有必要从社会的角度考虑破产复权制度。

首先，破产复权制度意味着债务人可以重返经济社会，进行正常的生产生活，有助于创造社会财富，维持社会稳定。英国经济学家哈比森在《国民财富的人力资源》中写道："人力资源是国民财富的最终基础。"人力资源是市场中最活跃、最积极的生产要素，如果通过破产复权制度使背负沉重债务的债务人的生产知识和技能重新在市场中发挥作用，那无疑对市场的繁荣有好处。

其次，破产复权制度有助于社会建立起容错机制。"在创新发展过程中，创新者在探索中前行，在一次次碰壁、无数次失败中艰难前行。应当建立一种消减风险，纠正偏颇，豁免失误，激励创新的容错机制。通过这样的容错机制，才能激发创新者的创新热情，让创新者解放思想，大胆试验，推进中国经济的振兴发展"。[1] 2016年《政府工作报告》中提出了建立健全容错机

---

[1] 刘宁宁、郝贵荣：《新常态下如何科学构建容错机制》，载人民论坛网，http://www.rmlt.com.cn/2016/0701/431106.shtml，2021年8月21日访问。

制。目前国家经济进入新常态，鼓励开拓进取、改革创新。特别是一些与经济发展不相匹配，资源能源消耗过多的产业需要以模式的改革和创新的技术推进结构的改革，结构的改革能够有效地实现资源的科学分配和组合，增加有效的供给，刺激市场需求，调动市场主体的创造活力。要让全社会公众明白，在产能结构性过剩和流动性不足的背景下，只有自上而下地进行顶层设计创新、机制理念创新、高新技术创新，才能提升供给体系的质量和效益，最终适应需求结构的变化。在这个过程中犯错失败是难免的。既要在法律的框架下建立起科学的容错机制，又要使社会公众形成包容的氛围，接受容忍失败和错误的正常观念，有效缓解创业者顾虑失败的心态，促进创新创业环境优化。

最后，从实践的层面去考虑破产复权。债务人通常的情况是举债后用于消费或是经营，从债务人的主观上进行分析，第一类是恶意举债后用于消费或是填补经营亏损；第二类是过度自信（非故意）举债经营，但由于不可抗力或情势变更等原因导致到期债务不能清偿。针对第一类情况，既不能给予再贷款，也不能纳入破产复权的范畴。第二类情况则在满足破产条件的情况下，可以启动个人破产程序。对于此类债务人确实无法清偿，客观执行不能的案件，如果单纯按照法院执行程序进行解决，只会造成大量的积案，再投入执行成本也不会有收益，造成司法资源的严重浪费。这种情况下，倒不如启动破产程序，停止执行，最终给予债务人复权，以增加整体的社会效益。实施破产复权制度的成本收益如图3-3所示。

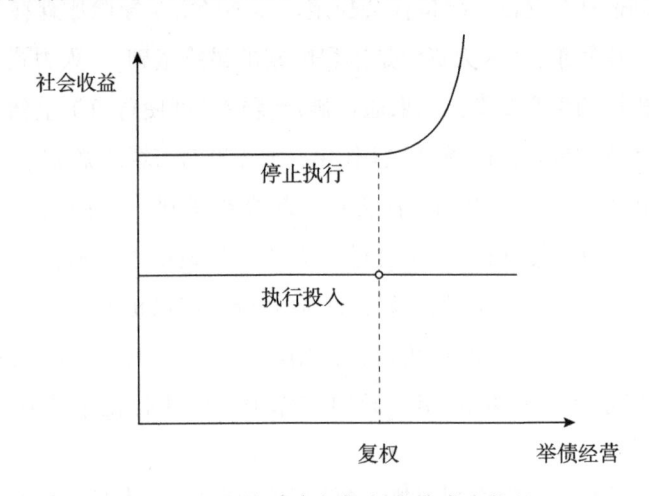

图3-3　实施破产复权制度的成本收益

综上所述，我们以成本-收益的经济学原理分别从债权人角度、债务人角度和社会的整体角度进行分析，都可以得出实行破产复权制度的收益大于成本的结论，这与我国社会大众的传统观念并不冲突。从社会整体的利益来讲，保护债权人的债权优先立场固然重要，但保护破产人的生存权和发展权，防范控制社会市场风险的效益更大。如果民众能充分理解破产复权制度的社会效益，则非常有助于提高个人破产复权制度的实施效果。

第四章

个人破产复权制度建构的理论基础与基本理念

第一节 个人破产复权制度建构的理论基础

一、从债权人保护到债务人再生的功能转换

从个人破产复权制度的历史嬗变中,可以发现破产复权制度不是伴随着个人破产制度的产生而当然产生的,该制度的设置需要制度功能的转变和理念变迁。在法律方面,需要现代社会的文明对法治文明施加影响,保护人权的观念成为社会公众的普遍认知。在经济方面,需要社会经济发展到一定程度,债务人重新投入社会经济生活的利益大于债权不能清偿的利益。在相关条件满足后,破产复权制度还需要充分的学术理论研究,形成扎实的理论基础,才能逐步得到社会公众的认可和接受。

最初的破产法律中,破产债务人都被视为有罪。以有代表性的英国破产立法为例,英国1542年制定的《针对破产人的法案》及《1579年破产法》都认为破产者是在债务问题上欺骗诚实人的罪犯。这是一种债权人本位主义立法思想的体现,将债权人和债务人完全对立起来。但事实上,不少债务人也是因为投资失误或者因为连带担保等情况而陷入债务的泥淖。因此在18世纪后,整体的个人破产立法开始有所转变,既要防止恶意的债务人讨债,又要对"诚实而不幸的债务人"在态度上有所缓和。因此《1705年破产法》中已经出现了破产免责制度。而经过数百年的发展,破产法律制度的主要功能从惩罚债务人转化为救济债务人,并在美国联邦最高法院1934年审理的Local Loan Co. v. Hunt.案中提炼出了"诚实而不幸的债务人"(honest but unfortunate debtor）的概念。案件背景是美国大萧条期间，长时间的经济萧条导致美国失业率居高不下，人民生活贫困。该案中，债务人于1930年9月17日向贷款公司借贷了300美元，并用其未来将得到的部分工资作为还款的保证。后来因为确实无力还款，1931年3月3日，债务人向伊利诺伊州联邦地方法院提出自愿破产申请，并被裁定为破产人。1931年10月10日，法院发出免责令，将债务人有证据证明的债务一并免除。1932年10月10日，贷款公司对债务人的雇主公司在芝加哥市政法院提出诉讼，要求强制执行债务人在被宣告破产后获得的部分工资。因此债务人再次向伊利诺伊州联邦地方法院提出禁令申请，要求禁止贷款公司继续主张并执行索要工资的诉请。破产法庭经过考虑后颁布了一项禁令，并维持了裁决。[1]

贷款公司不服，上诉至美国联邦第七巡回法院，结果依旧败诉。贷款公司最终将案子打到美国联邦最高法院。美国联邦最高法院于1934年3月12日下达调卷令，并于同年4月30日作出维持原判的最终判决。首先，主审大法官认为，尽管联邦法院有受理关于免责令的诉请，也能决定其命令的范围和效果，但并不意味着法院就一定要行使这项权利，除非是在这样的特殊情况下。芝加哥市政法院确实有资格审理债权人贷款公司追偿债权的案件，而债务人也确因其利益受影响有权在伊利诺伊州联邦地方法院提出抗辩。如果让芝加哥市政法院在诉讼中对债务人的禁令提供平衡法上的救济，则不足以满足司法的要求。可以看出，联邦法院并不会很通常地介入对债务人的拯救之中。但考虑到维护债务人的利益，才对债务人的禁令请求网开一面。其次，主审大法官认为，伊利诺伊州联邦地方法院关于在破产后获得工资可被追索的决定是严重破坏破产法的目的和精神的。债务人通过破产程序能够拥有为自己和依赖于他的人谋生的能力，这种行使自由是极为重要的，不仅因为这是个人的基本需要，而且因为这极大地关系到公共利益。破产法的主要目的之一是将"诚实而不幸的债务人"从沉重的债务负担中解脱出来，允许他从因商业不幸而产生的义务和责任中重新开始。尽管美国联邦最高法院没有在判决中具体描述"诚实而不幸"的判断标准及内涵，但此种重要的法理论述，对后来的判决产生了重大的影响。数据显示，该案被美国多达1500多个联邦

---

[1] Local Loan Co. v. Hunt, 292 U.S. 234, 54 S. Ct. 695, 78 L. Ed. 1230 (1934).

法院判例引用，甚至包括28个美国联邦最高法院判例。破产法注释学的权威人物雷明顿深入剖析了破产免责的三个正当化理由：①免责是对债务人的慈悲；②免责在发现和收回财产时能最大可能帮助债权人；③免责是一项为了不让债务人永远滞留于债务奴隶境遇而使其恢复重返实业界活力的公共政策。[1]

总体来说，"拯救诚实而不幸的债务人"理论成为现代个人破产制度中首要考虑的目标，破产法应拯救"诚实而不幸的债务人"，这一精神已经成为共识，对破产债务人的权利限制不是永久性的，而是可恢复的，这样可以促使债务人有条件地抛掉债务包袱，重新回归社会，这个理论促使破产复权制度的形成，如何识别"诚实而不幸的债务人"也成为破产复权制度在司法适用中的重要议题。我们可以学习德国的相关破产制度，如加强对债务人的保护，取消免责的前提条件，缩短免责的期限，免责与职业禁止的复权一并处理，体现了对"诚实而不幸的债务人"的宽容。同时，除了关注因投资失败而背负债务的债务人，还要关注破产消费者。大部分消费者破产主要还是因为不可预见的诸如疾病、失业等情况导致的。将这些群体尽快拉出债务的泥淖，使之回归正常的经济生活，可以消弭社会矛盾。

当然，个人破产复权制度也不应当不加区分地庇护所有的债务人，恶意债务人更不能期望通过个人破产程序获得免责和复权，逃避债务。只有在区分了"诚实而不幸的债务人"群体之后，个人破产复权才具备了设置的必要性和实施的可能性，为相关制度的建设奠定了基础。

二、成本收益考量中的社会整体效益标准

从经济学视域看待破产复权问题更加有助于明确市场对破产复权制度的需求和标准，也为破产复权制度的设置提供了理论支撑。建构个人破产制度是市场经济发展的必然。在市场经济中，当某个竞争力较弱的自然人因无法偿还债务而被淘汰时，申请破产就在所难免。"这样的退出通道为自己保底，不会让社会参与演变成一种近乎'玩命'的游戏。同理，个人破产制度也是

---

[1] Harold Remington, *A Treatise on the Bankruptcy Law of the United States*, 13 Virginia Law Register, 1000 (1908).

第四章 个人破产复权制度建构的理论基础与基本理念

为个人进行社会活动留有（暂时）退出的一个制度化通道，不致使社会参与变成一条赌命的不归路"。[1] 科斯在《社会成本问题》和《契约经济学》等著作中，都提到了交易成本的概念：交易成本概念内容丰富，不仅包括签约和谈判成本，同样度量和界定产权也有成本，约束权力的斗争需要成本，绩效监督也产生成本，进行组织活动也需要成本。个人破产法作为市场退出机制中的重要环节，可以使资源得到有效的配置，这必然符合市场需求。因此，所有市场经济发达的国家和地区，如美国、英国、法国、德国以及我国的台湾、香港等地区，都建立起较为完善的个人破产制度。在这些国家和地区，个人申请破产被普遍接受，破产案件数量提速快，破产案件绝大部分是个人破产。

个人破产程序的充分实践有利于带动破产复权制度的设计和应用。破产复权程序是社会成本最小化的法律工具。自 1929—1933 年资本主义世界经济危机以来，学者对市场的需求的研究更为积极和深入。从经济学的视域研究个人破产复权制度已经成为法经济学者新的关注点，大量的经济学原理也用于解释市场对破产复权制度的需求。如帕累托提出的"最优状态"理论，最为理想化的制度设计是所有人都因为制度的实施而获得利益，或者至少是某一部分人获得利益，其他人原有的利益不受影响。但这种状态几乎无法出现于现实世界中。因此卡尔多与希克斯对这种理论进行了修正，大致意思是一项交易行为不可能不影响人们的福利状况，即可能有人受损，有人收益，如果从总体上来看收益大于损害，则表明整体的社会福利增加了。希克斯补充了卡尔多的福利标准，认为补偿仅存在于学理的想象之中，现实中的受益人群主观上不可能愿意对利益受损群体作出相应的补偿，补偿方式不可能按照这种单对单的方式进行。应该将视角置于一个相对长期的阶段来分析问题，当一项制度的建立在总体上能促进社会生产效率的提升，即便在短期内有部分人因此而遭受一定的不利益，但社会效率累积后对所有人都会带来相应的好处，从而自然补偿了之前遭受不利益的群体。如果用卡尔多-希克斯效率这个概念对个人破产复权制度进行分析，应当考虑个人破产复权程序中受益的

---

[1] 《个人破产制度是市场建设的重要一环》，载光明网，http://news.eastday.com/eastday/13news/auto/news/china/20191012/u7ai8857530.html，2021 年 6 月 30 日访问。

群体和遭受损失的群体，以及双方的利益平衡机制，个人破产复权机制带来的社会整体效益远大于实施制度的执行成本。

三、尊重人权是法治文明建设的必然要求

尊重和保障人权，是现代文明的基本精神，也是法治文明的内在要求。尽管学界对人权概念的内涵和外延，以及内蕴的规则、原则、价值的界定并不完全一致，"在权利本位范式中，人权的一般形式与人的尊严、生存、发展有关的权利，均可归属人权的范畴，正因为如此，人权概念运用广泛"。[①] 破产制度制定的早期，由于盛行破产人有罪的观念，债权人对债务人的财产权、自由权甚至生命权等重要人权都有主宰权。随着人权的观念逐步形成，人们在破产失权和复权制度的设计上开始关注破产人的人权保护，破产无罪和破产不惩罚主义被普遍采用。

失权主要分为破产法上的权利限制和破产法以外的权利限制，并设置有相应的考察期。破产法上的权利限制主要是为保障破产程序的顺利进行、防止破产财产的减损或限制破产人过度消费等情况而设立。破产法以外的限制主要是从业资格的限制，在一定期限内防止债务人在经济活动中的行为再次损害其他债权人的利益。当然，这些限制主要影响破产债务人社会经济活动的资格，从宽泛的意义上也可以被视为对破产人人权的限制。破产失权减少失权范围，即已经体现了对人权的保护。除此以外，人权保护要求最起码保障破产债务人的生存权。因而哪些财产需要从破产财产中分离出来，对保障债务人能够达到基本生存条件的财产的界定需要极为慎重，也即豁免财产的限定范围。因此缩减失权范围和划定豁免财产都有助于保护破产债务人的人权。

在个人破产复权方面则能够更好地体现人权保护在破产法治方面的应用。根据人权保护的层次性来分析，首先，除了保护破产债务人的生存权，与生存权密切相关的发展权也是人权中基本的内容。破产债务人在破产宣告后已经受到社会的压力，信用度下降，回归经济生活的能力削弱。如果对失权不加以限制，就会影响其正当性，与保障人权的要求相违背，放大了破产制度

[①] 张文显：《法哲学范畴研究》，中国政法大学出版社2001年版，第399页。

的消极影响。为将失权的消极影响按照谦抑的原则限制于一个相对较小的范围内，需要给权利限制加上终止的时间，以平衡失权与人权的冲突。同时，复权制度需要建立配套制度，包括由人力资源和社会保障部门开展对破产债务人的职业技能培训，可以帮助破产债务人尽快地重返经济社会生活。这些措施都体现了复权制度对破产债务人的发展权的切实保障。其次，保护人格权还要考虑到人格尊严权的保护。为了避免破产有罪论传统观念带来的负面效果，防止破产债务人被污名化，因此必然要建立破产复权制度，并尽可能设置以宣告方式使得破产程序的参与人与社会公众周知破产债务人已复权的事实。最后，人权保护的充分实现有赖于社会的发展与进步。只有在我国社会生产力明显发展，社会文明的发展程度也同步提升，向着民主与法治国家的目标持续迈进的情况下，人权保障才会成为现实，人权保护的内容才会更加扩展，因此需将破产复权人的人权保护考虑在内。因此个人破产复权制度设计充分体现了对人权的尊重和保护。

第二节 个人破产复权建构的基本理念

一、尊重人权与公平公正相结合

（一）尊重人权与法治观念相辅相成

根据个人破产制度的产生和发展情况来看，早期的个人破产立法和实践中一般没有涉及个人破产复权的相关内容，更多是贯彻了破产有罪而加以惩罚的精神。随着尊重人权观念和法治观念的逐渐进步，个人破产制度中加入了免责的条款，免责需要符合相应的前提条件，经过考察期可以免责的制度得以确立。失权制度和复权制度有了独立存在的价值。在以信用为导向的社会主义市场经济体制中，每个人既可能是债务人，也可能是债权人，身份发生转换。因此，个人破产制度与每个人都息息相关，个人或主动或被动地进入了程序。法律规范能够为每个人的行为提供指导，使每个人都能在法律框架内行事。如果个人都遵守法律规则，行为受规则支配，则可以实现自身利益的最大化。反之，则要承担违反法规的不利后果。在破产复权的制度设计中，如果适用个人破产程序而导致债务人失权的状态一直持续，个人基本权利受限，基本生活得不到保障，则个人破产程序几乎无实操的价值，也不可能使债权人获得全额还款，只会极大地浪费司法资源。而如果鼓励"诚实而不幸的债务人"在维持基本生活水平的前提下尽量还款，通过考察期后能够通过复权程序得以再生，从沉重的债务得以解脱，对整个社会经济要素的活跃和流动是有益的。同时，个人破产复权制度并不能适用于恶意逃债的债务人，需要符合严格的适用条件，以此也维护了债权人的利益。从制度设计的目的上，使得"诚实而不幸的债务人"重获新生，具有了实践公正性。设立个人破产复权制度符合人权基本保障的要求，也体现出法治文明的进步。我们需要平衡债权人与债务人的利益，根据不同的情况和社会背景的变化作出动态调整。按照社会的实际情况修订个人破产的相关法律，并且配套其他法律法规，建立起良好的社会保障体系。相关的制度包括政府为个人破产人设置最低生活保障的银行账户，或者设置相关的咨询机构或者律师协助债务人了解个人破产整个流程，并为其量身定制破产及债务清偿计划，最终使债务人得以复权。

  公平设置的破产复权制度有助于实现破产制度的价值。公平的破产复权制度维护了破产债务人的人权，能够让其脱离债务泥沼，尽快地重返社会经济生活，满足了我国市场经济的飞速发展对法治完善的需求。对于债权人而言，破产复权制度主要考虑其享有对复权申请提出异议的权利，乃至对复权裁定提出上诉和申诉的权利，保证其能享有对整个破产复权过程的监督权，而不会因为权利义务设置不公平，而导致债权人阻碍破产复权程序的进行。对于债务人而言，如果破产复权程序不能公平设置，债务人基本会拒绝申请个人破产，消极对待其无力负担的债务。譬如破产复权制度与免责考察期密切相关，破产债务人经过免责考察期即可实现免责和复权的效果。在考虑破产债务人权利与义务体现公平原则的前提下，就要根据社会政治经济生活发展的具体情况确定合适的考察期时长。因此，在破产复权制度中，尤其要考虑破产债务人权利义务的公平设置，法律追求的价值目标才能实现，这样才能体现法治的进步。

  倘若各方权利义务不能妥善安排，就会导致严重的问题。一方面可能损害债权人的利益。如果破产复权制度设置不公平,债务人就会自暴自弃,放任自己的财务状况恶化,挥霍甚至转移财产,而不是选择主动适用破产程序努力争取清偿债务。在破产复权制度的设计中,可以按照公平原则,将免责考察期和清偿的债务比例相关联,清偿的债务比例越高,免责考察期则可以相应缩短,这样可以有效地促使债务人努力清偿债务,也能够实现债权人的利益。另一方面是可能损害社会的整体效益。如果破产复权制度不能公平地设置债权人和债务人的权利义务,债务人难以尽快通过程序的适用得以复权,会导致社会上存在大量处于免责考察期的破产债务人。首先,社会上的其他主体与处于免责考察期的破产债务人产生民商事关系的时候,就会产生额外的交易成本,从法经济学的成本-收益分析,成本的增加会导致社会能获得的整体效益下降,也间接影响破产复权制度实施的可能性和效果。其次,这类破产债务人由于受到失权的限制,难以为社会创造价值。因此,因权利受限而需要靠福利与救济生活的破产人的数量就会显著增加,导致社会负担过重,甚至可能会达到无力承担的地步。因此,在破产程序中设置失权程序后,同样需要公平地设置复权程序,这样可以促进债务人主动地适用破产程序,避免增加社会的交易成本和保障开支。个人破产复权制度的设置体现了法治的进步和完善,有助于社会经济的发展。

(二) 程序公正的两个层面

"法实践,表象为立法、执法、司法、守法的各个环节,也包括每个环节的行为过程及其结果。法实践由人的需要而产生,作用于人的社会关系,改变着人的社会存在。它不是偶然的现象,而是必然地纳入人的理性实践中"。[1] 法律制度在实践中的正当性意味着该制度以现实存在的实践状态具有公正性。在法律制度的运行过程中,程序工具主义一般认为法律程序是用于实现某种外在目的的手段和工具,因此判断破产复权的程序公正与否就在于其是否能实现复权的目的。这点从制度设计的公正性方面已经得到论证。程序本位主义则考察程序本身是否具有内在的公正性,并包括两方面的内容:第一是程序的形式是否公正;第二是在法律制度的运行过程中是否尊重个人

---

[1] 郭晔:《法理:法实践的正当性理由》,载《中国法学》2020年第2期。

尊严。

从程序的形式公正性来考查，首先，破产复权制度是法律法规预设的具体行为规则，对个人破产程序的所有参与人均具有约束力。其次，在破产复权程序的前序程序中，管理人、债权人、破产债务人等程序的参与者都明确了解程序运行的流程，一般公众也可以通过合法的方式了解破产程序的运行情况，如通过深圳个人破产案件信息网能够查询到公开案件、法院公开文书和管理人公开公告。再次，作为破产复权程序的管理人，要按照法规执行任务，并且接受人民法院、破产事务管理部门、债权人会议及债权人委员会的监督，处于中立的地位勤勉尽责。然后，考察期届满，由债务人申请复权，管理人征询债权人和破产事务管理部门意见出具报告，人民法院依据债务人申请和管理人报告充分考虑双方意见作出复权的决定。最后，破产复权的结果具有排他性，是唯一的结果，具有明确的法律效力。因此，破产复权程序具备了形式公正性。

从程序是否尊重个人尊严来看，作为个人破产制度的重要组成部分的复权制度，可以有效弥补目前破产法律体系适用主体单一的问题，呼应了《民法典》的自然人、法人、非法人组织三类民事主体，从而保持破产法与民法典内在逻辑的一致性。破产复权制度体现了法治理念的进步，将破产债务人的重生作为制度目的而非手段，并且在制度运作过程中注意保护当事人的隐私。涉及个人隐私的破产申请被列为不公开案件。破产债务人只要遵守失权的限制要求，谨守义务，就能在考察期结束后获得可预期的复权结果。债务人自身的行为选择对破产复权的结果有直接的影响。因此破产复权制度既具有形式上的公正性，又能充分维护破产债务人的尊严，兼具了程序工具正义和程序内在正义，从而具有程序上的公正性。

(三) 公平原则在破产复权中的适用

法律以正义、公平、效率、秩序为其不断追求的价值目标，公平原则是在法律制度的构建中合理地安排各方的权利和义务。个人破产复权制度的设计也应加以考量，不仅对全体债权人应当公平，也应当公平地对待债务人。从债权人的角度出发，破产复权制度的设置使得债务人愿意主动适用破产程序，以债务人的全部财产为其全体债权人提供共同担保，所有债权人都能参

第四章 个人破产复权制度建构的理论基础与基本理念

加破产程序行使相关权利，使破产财产在所有债权人中间公平分配，实现了对所有债权人的相对公平。在破产复权程序的运行中，债权人有权进行监督，并且在破产债务人有违反考察期义务的情况下可以予以撤销复权，充分保障了债权人的权益。从债务人的角度出发，在保障各债权人公平受偿的基础上，对债务人同样应当贯彻公平原则。诚实而不幸的债务人如果已经适用破产程序尽力实现了债权人的部分债权，则在度过考察期后应当适用破产复权制度，解除其所受的消费行为限制、任职资格限制和借贷额度限制等失权限制。通过破产复权制度兼顾债务人"再生"的机会，就其制度本身而言也是适当和公正的。因此破产复权制度不但能实现债权人的公平，也能实现债务人的公平，具有了理论上的正当性。

在个人破产复权制度中，失权功能受到一定限制，彰显了现代法治理念对基本人权的尊重。失权是对债务清理人的失权惩戒，但失权惩戒不等于人生价值的贬低，也不意味着债务人从此与经济活动绝缘。反之，也不能为了达到复权的目的，过分倾向于保护债务人的利益。下面通过一些具体的制度设计，分析公平原则在破产复权制度中的应用。

关于在一定期限内破产债务人多次复权的情况，《深圳经济特区个人破产条例（征求意见稿）》第137条第9款曾规定在"八年内获得过破产清算免责，或者四年内获得过重整或者和解免责"的情况下不得免除债务人的剩余债务，而在正式的条例出台后却删除了此条款。其一，笔者认为《深圳经济特区个人破产条例》本以试点为主，目前短期内尚不会出现重复复权的情况。在可能出现重复复权时，应该已经有了国家统一的立法进行规制。其二是在推行个人破产制度的落地过程中，更多考虑了破产债务人的情况。基于上述原因，相关部门暂时删除了该条款。但从制度公平的角度来看，为了避免破产复权制度被滥用，各国立法通常都会对重复提出免责及复权申请的破产债务人加以限制。《美国破产法》第727条（a）条规定，当债务人存在欺诈、不诚实、不配合、不服从法院命令或者破产申请前6年内获得过债务免责的，法院在债权人提交异议申请并且审查后，可以拒绝债务人的债务免责。《日本破产法》在第252条免责许可的决定要件中也提及7年内曾提起免责申请的情况下不得再次获得免责许可。因此我国应该在统一的正式立法中予以补充及完善。

债务人的失权范围也需要以公平的态度慎重考量。如任职资格受限制，债务人不得担任上市公司、非上市公众公司和金融机构的董事、监事和高级管理人员职务。其实质是希望债务人在经济生活中应该小心谨慎，一定时期内不得在上市公司、公众公司、金融机构担任从董事、监事和高级管理人员职务。但对比其他国家和地区的规定，显得轻微而单一，因为绝大部分的个人破产人都难以担任此种重要的企业职位，甚至消费者破产债务人的破产原因与商业经营并不相关。其他国家和地区的任职资格限制包括限制担任公职人员候选人、律师、会计师、商务仲裁人、建筑师、公证人、司法修习生、公安委员、参审员、法官等诸多不同行业的职务，形成了失权内容的广泛性，也更加能凸显破产复权制度设置的重要性，而现行规定的限制尤显不足，更对消费者破产的情况未作考虑。本书建议在个人破产制度中专章予以规定，并在复权的裁定中一并予以明确。

为了在破产复权制度的实施初期加强对债权人的管理，避免民众对破产复权制度产生抗拒心理，影响制度实施的效果，还需公平地推进债务人复权制度建设。要建立破产复权制度的配套制度，首先必须建立个人信用机制，即建立起个人信用档案，使得个人破产程序不会被老赖用于逃避债务，而是让诚实而不幸的债务人借此脱离债务。其次建立健全财产申报登记制度，使得个人破产程序中的债务人一旦进入破产程序，其财产就能被查清楚。再次应健全社会保障制度，使确实陷入债务泥潭的破产债务人可以得到社会救济。最后是破产刑事追责制度，要让恶意破产者受到相应的惩罚。通过立法层面的协调，公平原则在破产复权制度中得以应用，可以更好地实现破产法的价值。

二、践行法治与利益平衡相结合

(一) 法治与利益平衡的基本观念

法律是治国之重器，法治是国家治理体系和治理能力的重要依托。[①] 在民商事的经济活动中，随着商事交易越来越频繁，债权人及债务人之间就越容

---

① 全国人大：《法治是国家治理体系和治理能力的重要依托》，载百度网，https://baijiahao.baidu.com/s?id=1652253693503918907&wfr=spider&for=pc，2021年10月9日访问。

易产生债权债务关系。如果发生债务人无法清偿债权人债权的情况，目前只有进入司法程序后以强制执行方式实现债权人的债权。但是根据执行信息系统的统计，在执行案件中被执行人约有50%是个人，而在执行不能时无法通过执转破程序转化为个人破产制度，最终只能终结执行程序。导致债权人对已生效司法文书的不信任感，认为是赢了官司输了钱，不但浪费了宝贵的司法资源，对民众形成法治观念也构成阻碍。如果个人破产制度得以适用，使债务人在符合法律规定的前提下申请破产，在尽量实现债权人的债权基础上通过失权考察期后进行复权，可以化解大量陷入司法困境的执行不能案件。此外，债务人根据主观动机可以分为善意和恶意两种类型。恶意的债务人不能借由破产制度免除债务恢复权利，这会与个人破产制度建立的目的相违背，也违反诚实信用的根本原则。而如果通过债务免责、失权和复权制度的建立可以使诚实而不幸的债务人积极清偿债务，就可以让民众明确责任自负的法治理念。同时也提醒债权人谨慎放贷，对市场应由法治作为保障。因此，破产复权制度可以让民众培养起对生效裁判文书的信任感，建立正常的负债行为预期，也可以有效地培养民众承担责任的法治观念，推动依法治国建设。

在个人破产复权制度建立和适用的过程中，最大的问题即债权人和债务人两方的权利冲突问题，权利冲突的背后折射出利益的冲突。不论是从法学的视角还是从经济学的视角来看，利益都十分重要。庞德认为：在集团社会中，利益是人类个别希望得到满足的一种欲望和要求，在调整人与人的关系时，在安排人类行为时，需考虑到欲望和要求这一关键因素。[1] 在社会中人们有不同的角色、不同的地位，但都追求利益最大化，由于个体所处的角色和地位不同，导致利益的要求可能会因趋同而形成人们的行动合力，也可能因为利益之间的冲突而导致人们的行为产生对立的情况。由于市场经济的资源有限性，在社会资源分配中产生利益冲突基本是不可避免的。在这种问题上，利益平衡原则发挥其作用。法律其实就是社会利益分化的产物，各种利益发生矛盾冲突，法律便加以调节处理。从而使一般利益转化为法律利益，并最终达到利益平衡的状态。法国的弗朗索瓦·惹尼认为：面对利益，要认清它

---

[1] ［美］庞德：《通过法律的社会控制——法律的任务》，沈宗灵、董世忠译，商务印书馆1984年版，第81-82页。

的重要性，要用正义的天平予以衡量，按照一定的社会标准确保其优先地位。①弗朗索瓦·惹尼的意图是通过稳定的评价规范对利益的先后顺序、上下位阶进行评价，并以法律作为稳定而高效的利益冲突解决机制。

个人破产复权制度以实现破产债务人回归正常社会经济生活为目标，重点是实现债权人与债务人的经济利益平衡，经济性利益与人权保护的利益平衡。破产复权法律制度具有实践中的公正性，并在制度的设计、程序的运行和社会的效果上均有体现。当然，尽管利益平衡主要从立法和司法两个方面入手，但不管是立法上的价值考量还是司法实践中的利益控制，想要轻松地排序利益顺位是不太可能的。并且随着市场经济的发展和社会现实的变化，尽管利益平衡的价值判断标准随社会发展而变化，但其作用仍然是重要的。

第一，利益平衡可以在破产复权中实现法律的基本价值。市场经济要贯彻公平、效率、正义、秩序等法的基本价值，而利益平衡原则可以实现这些基本价值。庞德认为："最好的法律应该是能够在取得最大社会效益的同时又能最大限度避免浪费。"就破产复权制度而言，其制度的设计所取得的社会效益就是活跃市场经济，完善商主体的市场退出机制，解决"一次失败，终身背债"的问题，并使诚实而不幸的破产个人在一定的失权期限后恢复其权利，以便再次参与市场的经济活动。

第二，利益平衡原则可以作为协调利益冲突的保障。社会物质资源的有限性和市场经济下各个商事主体追求利益要求的无限性是无法完全满足的。在市场经济活动下利益冲突不可避免。庞德认为："人本性中欲望的扩张性与社会本性具有矛盾，正是这一矛盾产生了利益冲突的根源。"在利益冲突无法避免时，法律便会予以利益平衡。

因此，法律作为定分止争、调和利益的有效手段，能够通过国家权威的力量区分、识别和分配各项错杂和冲突的利益及其背后的内容，将分配规则固定于法律条文之中。当这个利益需求成了处于优势地位被列入首要考虑实现的价值目标后，立法和司法的任务便需要调整其他利益冲突而确保这个首要目标的实现，并在一定程度上平衡次要利益的需求。立法层面涉及市场公

---

① ［美］博登海默：《法理学、法律哲学与法律方法》，邓正来译，中国政法大学出版社1999年版，第145页。

平和效率的问题。而在司法适用的过程中，司法人员会充分考虑各项利益的特殊性和复杂性，在各个利益主体之间进行利益分配，确认利益主体的权利义务范围。

(二) 破产复权立法中的利益平衡原则

尽管基于目前市场经济发展阶段的大背景，建立起稳定的市场秩序和完善的商主体退出机制，增强市场活力成为首要考虑的利益，但也不能忽视债权人的利益。破产复权制度中存在的利益冲突仍然需要靠法律进行调节，立法层面主要是运用立法手段，在宏观层面构建出为广大人民利益服务，能够起到保护、协调、分配利益作用的法律制度。

1. 债权人与债务人之间的利益平衡

破产复权制度中，债权人与债务人之间的利益冲突是主要的矛盾。债务人选择破产的目的比较明确，就是获得免责，并在失权考察期结束后进行复权。破产免责是破产债务人获得的特殊利益，并以损害债权人的部分债权为代价而换取双方利益平衡。因此在债权人参与分配、债务人免责和防止恶意逃债等利益平衡的问题上，我们需要在法律制度的设计中作出有力回应。

首先，法律制度要根据债权人和债务人的各种利益进行平衡，以便各方实现自身的目的，认同个人破产制度的设置。最高人民法院原院长周强在《最高人民法院关于人民法院解决"执行难"工作情况的报告》中，分析了法院执行难的现状和原因，并提出了解决"执行不能"的要求。在民商事执行案件中，约18%属于"执行不能"案件。那些遭遇交通事故、损害赔偿以及刑事附带民事诉讼的被执行人，有的确无清偿能力。他认为，这类执行案件不是法院执行不力，而是当事人在社会生活中都可能遇到法律、商业、社会风险，是应当承担的。需要借助个人破产、社会救助等制度疏通解决路径。不属于申请执行的范围，不能进入执行程序。[①] 这种事实上的烂账长期困扰着债权人和债务人，也损害了社会信用体系，成为了社会的沉重负担。

对于债权人与债务人的利益，尽管于债权人而言个人破产会有一定程度的利益受损。但对于根本就无力清偿债务的债务人进行无限追索的执行，实

---

① 周强：《最高人民法院关于人民法院解决"执行难"工作情况的报告》。

际上既无法实现债权,穷尽措施而不能实际执行到位,又使法院浪费了大量的司法资源。个人破产制度在讨债模式之外,提供了债权人、债务人与其他利益主体共赢的清算模式。破产复权制度不但给债务人一个预期的还债计划,也提醒债权人以后不要轻易放出借款。对于债务人来说,如果无法申请个人破产,则长期背负着沉重的债务包袱,没有动力去偿还债务。破产复权制度的建立使得消费型破产者能够了解到到期无法偿还债务的法律后果,减少其产生欺诈心理的可能性。因此,对破产复权进行立法,既有利于债务人,发掘他们的潜力,实现他们的价值,也同样有利于债权人。破产法律的普遍性和有效性调整了债权人和债务人两个群体之间的利益,达成了利益平衡。

2. 债权人与债权人之间的利益平衡

破产复权制度的设置使得债务人有申请个人破产的动力。而个人破产制度是最大化保障债权人能够实现自身债权的有效制度,并且可以有效平衡债权人与债权人之间的利益。假如没有建构个人破产复权制度,则会出现个别债权人单独进行讨债的情况,并且讨债过程中进行的私力救济、暴力催收可能对债务人造成严重的伤害。如果债权人之间的讨债能力不等,而债务人会针对某些强势的债权人进行个别清偿,而部分弱势的债权人利益会被削弱。个人破产制度引入了法律作为解决利益冲突的工具,能够确保破产财产按照既定的规则进行公平分配,维护债务清偿秩序。根据调研的数据可知,93.6%的银行业金融机构和85.3%的第三方债务催收公司认为有必要由国家出台个人破产法,对在催收过程中可能会接触到的资不抵债的自然人进行救助或规范。[1]

温州市中级人民法院《关于个人债务集中清理的实施意见(试行)》提出参照个人破产的原则和精神,在进一步财产调查和清算基础上,通过附条件的执行和解,以达到执行程序有效退出、债务人信用修复的目的。个人债务清偿方案中包括留给申请人的必需费用、清偿率(相同情形债权原则上适用相同的清偿率)、清偿方法、信用恢复要求以及暂时无法处理的财产处置方案。这种法律确认的制度更加公平,而不会造成先下手为强,谁先起诉谁先

---

[1] 孙天琦等:《我国第三方债务催收市场调查报告》,https://www.financialnews.com.cn/llqy/201512/t20151207_88412.html,2021年6月20日访问。

第四章 个人破产复权制度建构的理论基础与基本理念

保全,后来的债权人无法清偿的局面。比如债务人只有 50 万元的破产财产,但对外欠了 100 万元债务。如果没有个人破产制度,就按照追偿债权的顺位,第一个主张债权的债权人获得胜诉判决以后,就可以到法院申请强制执行。如果这个债权人把债务人的 50 万元财产都进行了执行。之后没有来得及起诉的债权人再行起诉,即使胜诉了也无法获得赔偿,不但在受偿方面利益不平衡,也会削弱司法判决的权威性和公信力。

《深圳经济特区个人破产条例》第 89 条列明了破产财产在优先清偿破产费用和共益债务后的财产清偿顺序。债权人会议审议通过债务人财产管理方案和破产财产分配方案。总体来说,个人进入破产清算程序以后,所有合法债权人都在申报债权期限内提交证据申报债权。同一类别的债权人,可以按照他们各自的债权比例公平受偿,并在破产复权过程中进行监督,这个设计可以在统一的立法中沿用。

3. 社会公共利益与私权利益之间的平衡

在我国个人破产制度的制定中,申请主体是多元的,包括商自然人、消费者以及农村土地承包经营者,而这些主体的破产无一不涉及国计民生和社会的稳定,还涉及其他一些公共利益与私权的冲突。破产制度不仅具有保障债务公平有序地清偿、保护债权人和债务人合法权益的私法属性,而且还具有保障市场经济运行、充分发挥引导效用、维护市场有序运行的社会法属性,对于平衡社会公共利益与私权利益非常重要。

破产复权制度设计伊始,就需要平衡债务人失权惩罚和人权之间的关系。正如前文所述,早期的破产立法中实行破产有罪主义,所以破产人有可能遭受人身禁锢、人格侮辱,甚至丧失人身自由乃至生命。到了中世纪之后才逐步转化成惩戒主义,破产不再被视为犯罪,而仍然给予各种公法及私法上的权利或者资格限制以进行惩戒。到了近现代,基于文明的进步和保障人权的需要,开始逐步过渡到不惩罚主义。但是各国破产法律仍然对失权制度进行了规定。因此这种限制是对破产债务人商业信用或道德水平的一种负面评价,所以施加的权利和资格限制主要是针对破产债务人需要优良信用或是诚信品质的基本人权方面。既然是基本人权受限,则必然基于法治文明保护人权的要求而会在满足条件后复权。我们在进行立法时必须在对债务人的惩戒和人权保障之间求得平衡，因此债务偿付比例、失权期限、复权要求等都需要十分谨慎地设计。

破产复权程序运行中，政府各部门以及司法系统应适当介入，调整破产程序的启动，以便作为申请主义的补充。由于破产复权程序与社会公共利益密切相关，因此程序的公正性尤为重要，需要保证透明度、公开性，能够让债权人获知破产案件的整个执行情况。在管理主体上，要优化破产管理人队伍，使法官发挥更为主动的作用，在某些情况下检察机关也要有提起破产程序的权限，而这些破产复权程序中公权力的介入都需要考虑私权的利益。

(三) 破产复权司法中的利益平衡原则

根据利益法学派的观点，法律制度必然是存在漏洞的，为了获得公正的判决，法官要确定什么是立法者通过立法要保护的利益，然后在法律条文的基础上通过独立思考，考察有关利益，并使法律去维护利益。因此在破产复权制度的适用过程中我们要遵循平等原则。尽管笔者已经论述了在制定分配规则时首要考虑实现的重点利益，但也必须兼顾其他方的利益，适当对弱势利益主体予以差别对待，以求得实质上的平等，并在牺牲较小利益的情况下实现整体利益的最大化。在破产复权司法过程中，我们需要以利益平衡为目标，重视合法权益并建立起救济机制，在个案中根据具体情况化解利益冲突。由于相对而言债权人可能是债权容易受损的一方，故法官需要将更多的关注度投向破产债务人，严格审查破产复权程序，以避免破产债务人因此获得不正当的利益。法官在破产复权程序中进行的利益平衡，可以有效弥补破产复权制度中某些立法空白之处，采取一定的措施进行补充性的利益平衡，从而实现实质公平。

首先，法官要核查破产债务人申请的一般债务。这是债务人申请个人破产的首要目的，即获得债务豁免以能够有重生机会。因此要甄别出诚实而不幸的破产债务人，审查其是否如实申报财产。防止破产债务人按其主观意图虚假申报，或不申报亲戚朋友的借款，或以个人名义申报家庭其他成员负债。由于破产债务人的财产状况直接关系到清算程序的选择，以及债权人的受偿比例，所以法官要谨慎、细致，并辅之以法律责任的追究和落实。

其次，法官要对无法清偿的债务免除进行审查。由于我国现有的征信系统尚未完全建立，所以破产债务人的财产在制定了分配方案以后，建议剩余财产不当然成为豁免财产，而是在满足一定条件后，由债务人提交相关证据材料后向法官申请。法官需审查确认破产人是诚实而不幸的债务人，没有欺诈或其他违法不当行为导致债权人利益受损，方可对其财产进行免责。

最后，债务人复权程序也需要明确债权人和债务人的义务。符合复权条件的破产债务人以何种方式复权，世界各国立法模式各有不同，但不外乎许可复权主义、当然复权主义、混合复权主义三种。按许可复权主义，破产债务人具备相应的复权条件后，向法院提出复权申请，法院审查裁定，破产债务人相应的资格和权利恢复。此时涉及许可复权证明责任的分担问题。举证责任分配的法定性在整个举证责任体系中处于极为重要的地位。在破产复权程序中，基于债务人复权的获益性以及其对复权证据提交的方便性，应将举证责任分配给债务人，由债务人提交已经清偿债务的证据、和解协议履行完毕的证据以及失权期间没有违反限制和消费约束的行为证据。

三、借鉴吸收与本土特色相结合

法律移植是指一个国家对其他国家法律制度的吸收和借鉴。吸收和借鉴的既可以是已经确立的法律制度，也可以是国际通行的法律和国际惯例。吸收和借鉴的方式是在鉴别、认同、调适、整合的基础上，引进、吸收、采纳外国法，使之成为本国法律体系中的有机组成部分，为本国所用。张明楷教授认为，法律移植指的是"特定国家（或地区）的某种法律规则或制度移植到其他国家或地区"。法律移植的原则对法律制度的构建具有重要意义，包括如下几点：

第一，法律具有相对的独立性。虽然法律作为整个社会的上层建筑，其性质和基本形式都是由经济基础决定的，并随着经济基础的变化而变化，但是法律制度又具有相对独立性，属于社会现象中客体化的制度，与国家制度和政治制度等共同发挥着作用。因此法律天然具备了移植的条件，在社会发展和法律发展不平衡的时候，可以通过法律的移植重新达成两者的协调。第二，法律移植是适应市场经济的客观规律和根本特征的需要。尽管不同的国情下市场经济的具体运作方式和特点有所不同，但都会遵循基本的规律，通过价格的涨落和供求的变化进行调整。第三，法律移植是法治现代化的必然需要。法治的现代化需要在理念和制度层面均达到现代化的要求。法治理念是法治内在要求的观念、理想和价值的集合体，法律制度则是国家制定并适用法律调整各种社会关系时形成的制度。如果法治理念和制度能够与人类社会的发展阶段相适应，体现出时代精神和进步的法律价值观，并能在外在表现形式上呈现出积极成果和进步状态，那就符合法治现代化的标准。第四，法律移植是对外开放的应有之义。在全球化市场逐渐建立，地球愈加成为地球村的大背景下，资本、商品和生产要素的跨国流动密集。全球性的市场机制也随之建立，并遵循基本相同的运行规律，因此能够产生调整统一全球性市场纠纷的法律。各个国家参与制定的条约、公约取代国内立法和国际商事惯例，成为国际商法最重要的渊源。譬如在国际商事纠纷中，就通常适用《联合国国际货物销售合同公约》（CISG）进行解决。

我国建构破产复权制度，必须应用到法律移植的理论和方法。首先，目前个人破产复权制度已经具有了现实的迫切需要，需要进行法律移植，这在前文已经加以论述。其次，在国际商事交往日益密切和频繁的今天，我国在构建具有中国特色社会主义市场经济法律体系的过程之中，需要学习和借鉴具备相对完善的市场经济体制的其他国家的立法经验。特别是某些发达国家的个人破产及复权制度已经建立较久并根据市场经济的实践反馈不断修正，这些经验值得我国学习。再次，如果要加快法治现代化的进程，必须积极学习发达国家的法治理念和制度。特别是调节市场经济法律关系的商事法律制度，更需要进行借鉴移植，以便达到快速发展的目的。最后，我国要推动多极化国际格局的形成，就要积极推进改革开放，选择合适的法律移植，融入世界的政治经济体系中。在个人破产复权的案件中，也会出现如前文提及的贾某亭在美国选择破产程序，但涉及分配多个国家财产的情况，而这显然需要国际化的破产法律制度对接相关的破产及复权程序。

我国有重视法律移植的传统，自晚清修律变法之时，随着西学东渐的深入发展，清朝政府基本上参照大陆法系建立了中国近代法律体系。光绪二十八年四月初六日，慈禧下谕曰："现在通商交涉，事宜繁多，著派沈家本、伍廷芳将一切现行律例，按照交涉情形，参酌各国法律，悉心考订，妥为拟议。

第四章 个人破产复权制度建构的理论基础与基本理念

务期中外通行,有裨治理。"①其中所提及的"参酌各国法律""务期中外通行"即体现了在开放的环境中学习西方先进法文化,并以此作为修律的理论依据和实际范本。1955年之后的10年间,我国也翻译了大量苏联各个法学部门的著作,对苏联的法学进行了全方位、立体化的学习。而我国的法学理论及部门法学的很多观点都受到了苏联法学的深刻影响。这些法律移植的历史,也给我们留下了宝贵的成功经验或失败教训。譬如在清末修律的时候,为了追求速度与数量,采用了直接翻译西方法律及聘请外国法学专家的办法进行简单移植,但很多条例脱离了中国当时的社会现实和国情,实际成为具文,不能发挥调整社会关系的作用。如1906年颁布的《大清破产律》即是"兹经臣等督饬司员,调查东西各国破产律及各埠商会条陈商人习惯,参酌考订成商律之破产一门。"②,主要学习了日本法的编纂体例。但中国当时并没有建立起相应的配套机制,商人、企业、破产机关等对破产的认识并不明确,因此当时官民各方对《大清破产律》的适用问题分歧较大,当年由农工商部奏请暂缓执行,1907年明令废止此律。

此次破产法律的移植过程给我们很多启示,法律移植的实践是非常复杂的过程,也容易因为在移植进程中的一些因素的影响而导致移植的效果不佳,但在过程之中仍然要注意一些重点环节。首先,法律移植必须有所选择,挑选与本国实际最为契合,最合理的法律制度及相关规定。具体到破产复权制度的移植,我们既要考虑西方发达国家已臻成熟的相关破产复权法律制度,又要选择与我国法律文化相近的日韩等东亚国家的破产复权法律制度。根据西班牙学者对法律移植量化分析的研究结果,移植大陆法的差异度远低于移植普通法的差异度,而移植普通法促进增长的效应更依赖于当地的初始禀赋。③大陆法系的商事制度整体有利于社会稳定,而英美法系的创新程度高,中国破产复权制度需要既能保持稳定又适应创新,因此要选择既适合我国国情,又具有先进性的外国破产复权法律制度进行移植。其次,法律不是孤立

---

① 实录馆:《清德宗实录·卷四九八》,中华书局1987年版。
② 《商部会同法律大臣奏议定商律续拟破产律折》,转引自逯子新、赵晓耕:《清末破产法的文本渊源及实践考察》,载搜狐网,https://www.sohu.com/a/205334919_689962,2021年10月2日访问。
③ Daniel Oto-Peralías & Diego Romero-Ávila, *The Distribution of Legal Traditions around the World: A Contribution to the Legal-Origins Theory*, 57 The Journal of Law and Economics, 561-628 (2014).

存在的，在移植破产复权的法律制度时，还需要将其配套的法律精神、价值取向及司法适用等一并移植，从而取得更好的效果。最后，必须在充分利用本国传统法律文化资源的前提下，促进移植法律与本国法律的融合。在移植时要对本土法律资源进行挖掘，对本土传统法律文化以扬弃的态度对待，并以此法律文化土壤培养移植的法律，即所谓的"守正"。同时又要循序渐进地进行法律的社会化改造，最终使得移植的法律与原有的政治、经济、文化等紧密结合，发挥出良好的社会效果，这即是"创新"。

《中国特色社会主义法律体系白皮书》中阐述："中国特色社会主义法律体系的形成，始终立足于中国国情，坚持将传承历史传统、借鉴人类文明成果和进行制度创新有机结合起来。一方面，注重继承中国传统法制文化优秀成分，适应改革开放和社会主义现代化建设需要进行制度创新，实现了传统文化与现代文明的融合；另一方面，注意研究借鉴国外立法有益经验，吸收国外法制文明先进成果，但又不简单照搬照抄，使法律制度既符合中国国情和实际，又顺应当代世界法制文明时代潮流。"[①] 这说明我国政府对法律移植的"守正创新"原则有着清楚的认识，也能将此原则应用于破产复权制度的建设之中。

因此，在法律移植过程中不能因为政治需要，不顾社会现实而进行硬性移植，否则只能流于形式。不论是移植外国法律文化，或是继受本国法文化，都要立足于中国的社会现实和时代进步的要求，在调研可行性和避免盲目性的基础上，进行守正创新，将被移植来的其他国家法律制度扎根于中国法文化的土壤，逐步获得社会大众的理解和信任，才能使移植的法律具有权威性，能够实际发生效力。

就现实情况而言，中国个人破产复权制度的移植和建构基本具备了扎实的基础。在2004年《中华人民共和国企业破产法》提请审议期间，也曾对是否要将个体工商户和个人在消费信贷中可能出现的破产问题纳入法律调整范围进行过讨论，但最终起草组认为："实施个人破产制度的前提是，国家具有比较完备的个人财产登记制度和良好的社会信用环境，我国目前这方面制度

[①] 《中国特色社会主义法律体系白皮书》，载中央政府门户网，http://www.gov.cn/jrzg/2011-10/27/content_1979498.htm，2021年6月22日访问。

第四章 个人破产复权制度建构的理论基础与基本理念

尚不完善,尚无有效手段防止个人借破产隐匿财产和逃避债务,将个人破产完全纳入法律调整范围,时机尚不成熟"。[1] 当时反对的理由还包括以下几方面:①对个人破产复权的理论研究不够深入。当时中国普通民众没有树立起提前超额消费的概念,因此习惯于现金交易,尚不需要建立个人破产制度。②个人破产制度也缺乏相应的配套措施,需要有完善的物权制度去区分破产财产范围,也需要健全的个人信用体系明确债务人应承担的责任。③商业银行体系十分薄弱,对个人破产带来的坏账,以及对银行账户的查询监控存在技术层面的不足。李曙光认为:"个人破产制度不是一个简单的小规则,它是对整个社会观念、文化进行改变的基本规则。目前技术问题都已经克服,或者说已经超越那个阶段。"[2] 而随着时代进步和社会日新月异的变化,中国个人破产复权制度的建构基础已经基本具备。

---

[1] 《企业破产法草案首次提请审议》,载新浪网,https://news.sina.com.cn/c/2004-06-22/08532872602s.shtml,2021年10月8日访问。

[2] 李曙光:《现在是推出个人破产制度的最好时机》,载鲸法网,http://www.bjtzdbzz.com/202015277.html,2021年10月8日访问。

第五章

个人破产复权制度的建构思路与对接机制

第一节 个人破产复权制度的模式选择

一、立法模式：全国统一的破产立法

个人破产立法已经从国家层面纳入立法进程。《深圳经济特区个人破产条例》颁布后，为了保证其正确实施，深圳市人大常委会法工委予以解读，并透露国家已在研究修订《中华人民共和国企业破产法》，可能会增加个人破产制度的相关内容。2020年12月21日，全国人大常委会法工委发言人记者会召开，提出2021年立法工作要推动高质量发展，围绕创新驱动发展，保障全面深化改革和对外开放，修改《中华人民共和国企业破产法》等法律。最高人民法院原院长周强曾在工作报告中，充分肯定深圳经济特区制定实施《深圳经济特区个人破产条例》，肯定江苏、浙江法院个人债务集中清理工作，认为他们为诚信的创业失利者提供了重生的机会。最高人民法院部级专委刘贵祥认为，各地针对个人破产法的立法尝试都是十分有利的，尤其是《深圳经济特区个人破产条例》为国家层面立法提供了宝贵的经验，鼓励各地总结司法相关经验。部分学者也提出修改《中华人民共和国企业破产法》，建议在其中纳入个人破产制度。

个人破产复权制度作为个人破产法的重要部分，有三个问题需率先厘清：首先，作为破产复权制度根基的个人破产法是规定于一般破产法之中还是进行单独立法？其次，破产复权的标准以全国统一的方式还是地方化差异化方式进行？最后，破产复权制度在个人破产法中是否需要形成单独的条款或是

独立章节？

首先，关于个人破产及复权制度应规定于一般破产法之中还是进行单独立法的问题。企业破产与个人破产有诸多规则上的共同之处，但所要维护的利益有所不同。个人破产除了和企业破产一样完善了市场主体的退出机制以外，其破产复权制度更加强调对债务人的人文关怀，并侧重于让债务人重返正常的社会经济生活，所以无论是单独立法还是统一立法都有其逻辑依据。从现实立法实践看，各个法域的做法并不完全一致。英国自1986年即进行破产法的改革，颁布了《无力偿债法》（Insolvency Act），第一次将个人破产制度与公司破产制度统一立法，其他英联邦国家受其影响，也采取了相同的统一立法。美国也是逐步发展出个人破产和企业破产统一适用的《美国破产法》（United States Bankruptcy Code），在不同章节区分了四种不同的破产类型。当然其他国家或地区也有不同的做法，日本制定了《日本破产法》作为破产清算程序的一般法，而将《日本民事再生法》作为破产重整程序的一般法。法国因为民商分立的立法模式，根据破产个人主体身份的不同而将商个人的债务清理列入《法国商法典》中，将超额消费导致破产的消费者债务清理列入《法国消费法典》中。中国香港地区则将个人破产由《破产条例》规范，企业法人破产由《公司条例》进行规定。

就我国的客观情况来看，目前深圳特区进行了个人破产单独立法的尝试。而从立法机关的意向来看，则倾向于采取将个人破产纳入一般破产法中的做法。笔者认为，在现阶段个人破产以及相应的复权制度设计采取统一立法模式更为适宜，且应包括消费者破产的内容，理由有如下几点：

第一，从世界各国的经验来看进行破产复权的统一立法是可行的。对个人破产以及将破产复权制度纳入破产法中进行统一立法有现实的成功例证，在我国个人破产立法的理论研究和实践尚不充分的背景之下也更加适用。

第二，从制度的协调对接而言统一立法更具优势。如果破产债务人本身是因为经营失败导致企业破产，被牵连承担了巨额债务，或是财产关系和债权人的情况较为复杂，需要借助较多的破产法原则和条文来制定分配方案，则进行统一的破产立法优势更大，可以使企业破产和个人破产的制度衔接和转换更容易进行。

第三，就我国的传统法律文化而言，如果参照法国的模式，将消费者破产的程序单独进行立法，是很难得到民众的认同的。正如世界银行报告所指出的，"在某些国家，人们很难接受直接免责的理念。在其他国家，一部单独的消费者债务救济法律的理念是与消费者过度消费和过度使用消费信贷相联系的，而一般的破产制度被理解为一个较为中性的调控区域"。① 因此，统一地进行破产立法有助于民众接受破产的概念和规则。

其次，关于破产复权的标准以全国统一的方式还是地方化差异化方式进行的问题。《深圳经济特区个人破产条例》从适用范围上就体现出鲜明的地方特色，如果说"因生产经营、生活消费导致丧失清偿债务能力或者资产不足以清偿全部债务的"是个人破产法申请破产的共性所在，那么"居住在深圳经济特区"、"参加深圳社会保险连续满三年"，债权人独自或共同持有具备上述条件的自然人 50 万元的债权，换言之"深圳人欠的债"，就是《深圳经济特区个人破产条例》的特例。满足这些条件方可依照《深圳经济特区个人破产条例》进行破产清算、重整或者和解，从而达到复权的目的。深圳在市场现代化方面走在前列，在破产复权制度的实践上也起到了先行的示范作用。深圳个人破产复权制度的尝试，类似软件程序中的黑盒实验，可以检验制度的适用性，向对个人破产复权制度尚存疑虑的民众展示实践效果，并且将可能出现的问题局限在深圳的范围内，影响相对较小。但破产复权制度在深圳试点以后，是以地方立法的方式还是全国统一立法的方式进行，破产的要求和标准可否根据本地区经济发展状况地方化，也继续成为学者们争论的焦点。有学者对个人破产复权制度地方化持非常审慎的态度，认为地方化立法会导致一系列消极后果。当今的市场经济更需要市场的协调统一，如果全国各地都进行个人破产立法，破产制度就如同商业壁垒一般，阻碍市场的一体化发展。各地立法导致各地个人破产制度的差异化竞争。而破产申请人将力求选择对自己有利的地方启动破产程序。② 这种看法和担忧是非常有道理的。即便如美国这种高度地方自治的邦联制国家，也曾在 1787 年《宪法》第 1 条第 8 款中授予国会制定统一的破产法律。美国开国者麦迪逊在《联邦党人文集》

---

① 自然人破产处理工作小组：《世界银行自然人破产问题处理报告》，殷慧芬、张达译，中国政法大学出版社 2016 年版，第 64 页。

② 陈夏红：《个人破产配套制度比个人破产制度更重要》，载网易网，https://www.163.com/dy/article/FF0EVUM405199DKK.html，2021 年 9 月 2 日访问。

中写道：统一破产立法与商业贸易相关联，可以防止当事人借不同的地方选择而产生欺诈行为，因此其便利之处要进一步研究。① 欧盟在2012年12月12日也启动了对《破产程序条例》的修订立法程序，扩大条例的适用范围，加强其成员国在债务清算、债权人保护和债务人重整等诸多方面的协作，并最终于《欧盟跨境破产规章（第2015/848号）》施行。

域外破产统一立法的经验给我国破产复权立法提供了有益借鉴。法作为一般行为规范在国家主权管辖范围内具有普适效力的特性，因此要通过统一的立法程序制定更高位阶的法律，提供一致的法律原则、规则和程序，使得市场具有统一的规则，既可以避免地方立法带来的区域隔阂问题，也避免恶意债务人滥用规则，但同时也必须注意法律与经济基础之间的辩证关系。法律内容的决定因素是社会经济状况，由于不同地方社会经济发展水平不同，普适性也不能绝对化和教条化，一刀切的标准也可能会带来实质的不公正和实施困境。如何使法律照顾到合理的差异，给予破产复权制度在地方适用中一定的调适幅度，比如还款比例与考察期年限的对应问题，如何在统一立法基础上顾及地区差异化需求，同样是立法者需要考虑的内容。

最后，关于破产复权制度是否需要形成单独的条款或是独立章节的问题。前文已经提及，破产复权制度对于债务人是否会选择破产，以及选择什么样的破产程序尤为重要，因此需要明确该制度的适用条件及程序。在个人破产法律中，既要注意在破产清算、破产和解、破产重整的三种程序中如何适用破产复权制度的问题，又要注意失权和复权的衔接问题。而目前的《深圳经济特区个人破产条例》规定得并不明确，故可能导致实务中操作的不一致。因此，未来的破产立法应当通过独立的条款或章节安排来体现破产复权制度的独立地位。

综上所述，在充分尊重我国目前的立法体系的基础上，可以考虑在《中华人民共和国企业破产法》中逐步增加商个人以及企业投资者破产的基本原则和内容。如果需要，再根据不同的破产程序或者不同的破产主体另行设定一些单行法律法规来加以细化和补充。同时要注意上位法应给地方规则保留一定的自主空间，可以通过原则性处理和授权性规范的方式将破产复权制度

---

① ［美］汉密尔顿等：《联邦党人文集》，商务印书馆1980年版，第219页。

的条件、启动和适用的具体标准以及相关配套制度留给下位法和地方立法来填补。

二、启动模式：许可与当然混合复权

（一）三种主要观点

目前在世界各国破产复权模式的理论和实践中，存在着三种观点或者说三种模式：当然复权主义、许可复权主义、混合复权主义。我国个人破产复权选择什么模式，一直是学者们讨论最激烈的问题。

当然复权主义认为，破产程序终结后，破产人只要具备法律规定的条件，就可以恢复权利，不必向法院提出申请。英美法系国家普遍采取该种立法模式。英国破产法在1976年即确立了自动免责制度，当然复权制度作为免责制度的必然结果，但对于某些在公共事务机构的任职限制并不会自动解除。《美国破产法》第7章就是当然复权的体现，该法律规定第一次债权人会议达成协议60天后，破产债务自动免除，除非60天内有债权人提出异议，此时才需要法院审理决定。可见，在美国法律制度下，只要没有债权人、受托人或者其他人提出异议，在债权人会议之后的60天内，债务人的债务自动免责，无须取得法院的允许。

许可复权主义之下，即便破产债务人在破产终结满足复权条件的预设前提下，仍然要按照法定程序向法院提出申请，经过法院审查并许可才可以获得复权的结果。法院不得依职权主动宣告破产人复权，法院审查的主要是破产复权条件是否达成。如债务人已经按照清偿计划清偿全部债务、债务人未清偿债务获得免除、债权人与债务人之间达成的和解协议已合法履行完毕、破产债务人未触犯欺诈等限制行为而达到失权年限等情况。大陆法系国家较多采用许可复权的方式。如德国《支付不能法》第286条至第289条作出规定，"债务人若为自然人，可以通过申请并经支付不能法院审查批准后获得债务免责。非所有债务人都可以获得债务免责，只有诚实并且积极帮助债权人实现其权益的债务人才可以获得。法院在收到债务人破产申请之后，应当告知其有申请债务免责的权利，债务人最迟于这项告知后的14天内提出债务免责申请。德国法律制度下，债务人必须向法院申请才能够获得债务免除，并且需要听取债权人和管理人的意见，最终由法院裁定免责"。① 当破产债务人提出申请后，法院进行合理审查，并将复权申请的事项予以公告，载明复权事实及理由，并将相关文件材料公布以供利害关系人进行异议。利害关系人如有异议的，可依据其复权条件不能达成的事实提出异议。法院同样应该对异议进行审查，如果异议成立的，法院应裁定驳回破产债务人的复权申请。如果异议期限内没有收到异议或异议无事实及法律理由，则可以裁定破产债务人复权，破产债务人所受的限制自复权裁定生效之日起解除。此外，法院在一定期限内对已生效的驳回复权申请裁定或者复权的裁定发现确有错误的，有权通过审判监督程序依法予以纠正。

混合复权主义即破产终结后，除符合法律规定的情形可以不经法院许可复权，其余情形均需要向法院提出申请并得到法院许可方能恢复权利。混合复权主义兼取了当然复权主义和许可复权主义的特点，根据破产债务人的主体不同或采用的破产程序不同而适用不同的立法例。如《法国商法典》第L653-11条规定："以宣告个人破产而导致禁止权利的，应确定实行禁止措施的期限……丧失权利或者禁止权利以及无能力担任选举公职之处分，在法庭确定的期限到期时当然停止，无须另作判决。如因负债消灭而宣告程序终结的判决。因负债消灭而宣告程序终结的判决，则以判决形式免除或取消对这些自然人或法人领导人宣告的所有丧失权利、禁止权利与禁止担任选举公职的处分。"此外，如果利益相关者充分清偿了债务，或者当事人另行提供了担保，可以向法庭申请撤销有关全部或部分丧失权利、禁止权利与禁止担任选举公职的处分。法庭作出这项撤销判决则意味着恢复权利。

个人破产复权的三种立法模式并无高下之分，大陆法系和英美法系关于当然复权与许可复权的态度也存在差异，究其深层次的原因，又与职权主义与自由主义的文化差异相关联。要采用哪种立法模式需综合考量诸多因素，包括破产复权制度与破产免责制度之间的并用关系、法律文化的传统、破产复权配套制度的建设、国家的政治经济生活发展程度。

以何种方式启动破产复权流程也是学界争议的焦点。有些学者认为我国

---

① 郑智炜：《德、美自然人破产债务免责制度比较研究——兼论对我国的启示》，载《上海法学研究集刊》2020年版第12卷。

可以采用当然复权主义,其理由在于当然复权主义的优点是更加有利于保护债务人的利益,无须提交相关材料即可解除各种限制,顺应了个人破产制度设立的目的,向社会更传递了破产无罪的思想。① 的确,直观地看,诚实而不幸的破产债务人在满足法定条件时当然复权,不但有利于节省司法资源,也有利于债务人早日回归正常经济生活,繁荣市场经济。不过,也有学者对此持否认态度,认为目前我国法治化程度尚未达到一定水平,在目前国情下,采用当然主义的复权模式,部分公民可能存在"钻法律空子"的现象。②

有些学者认为在我国,为防止债务人恶性逃债,申请复权更为可取。③ 申请复权模式也即许可主义模式,即一定期限届满后,由破产人向法院申请解除破产限制。因为许可复权主义体现了更为谨慎的态度,可以强化法院的监督职责,构建出比较完善的失权-复权制度。不但有利于债权人在对债务人破产复权的进程中起监督的作用,增强参与度,同时也有利于督促债务人努力满足复权条件并提交法院审查,具有激励的作用。在我国破产惩戒机制还不完善、不成熟的现阶段,申请复权主义的做法无疑更加安全与审慎,也体现了法院破产裁决的严肃性与权威性。④ 在目前我国信用机制建设不够完备的情况下,失权机制是破产债务人的最后限制,因此适用严格的许可复权主义更为合适。

(二)采用混合复权模式的理由

对我国未来的制度设计而言,单纯采用当然复权主义并不可取。首先我国并无破产无罪的法律文化传统,"欠债还钱"的观念深入人心,如果采用对债务人过于宽松的复权制度容易引发人民群众对法律的抗拒心理。其次我国尚未完全建立起配套的信用机制及财产申报制度,因此人民群众对于破产人滥用个人破产复权制度逃避债务较为担忧,必须配套较为完备的信用机制方可发挥好的效果。最后从我国的社会现实的运作来看,如果没有法院的书面

---

① 陈萍:《浅议建立我国自然人破产制度的必要性和现实性》,载《当代法学论坛》2010年第3期。
② 杨显滨、陈风润:《个人破产制度的中国式建构》,载《南京社会科学》2017年第4期。
③ 张阳:《个人破产何以可能:溯源、证立与展望》,载《税务与经济》2019年第4期。
④ 张军:《论个人信用与自然人破产立法制度的构建》,载《武汉大学学报(哲学社会科学版)》2009年第4期。

裁定明确破产债务人复权，社会大众将很难了解破产债务人的复权情况，包括需要相关证明材料给债务人提供贷款等后续措施都无法实行。当然复权主义模式下因缺乏专门的复权决定程序，致使复权缺乏公示的效力和公信力。

单纯的许可复权模式也存在明显弊端。在该模式下，诚实而不幸的债务人提交的材料都要经过法院的形式审查和实质审查，不能尽快达到回归正常生活的目的。更重要的是按照我国个人破产案件的数量，进行许可审查需要配置相当多的司法资源，这样会增加制度运行成本，使该制度的成本效益比上升。该模式顾及安全而忽视效率，程序烦琐耗时耗力，浪费司法资源，导致个人破产复权制度带来的经济效益被抵消。

因此，破产复权制度采用混合复权主义集合了许可复权与当然复权的优势，更适应我国破产复权观念的提升进程，更符合配套制度尚待健全完善的实际，更能体现效能优势，具有更高的合理性，为多数学者所支持。[①] 混合复权主义模式兼顾许可复权与当然复权模式的优点，可灵活运用，既可以帮助破产债务人早日摆脱失权的枷锁，又有利于相关利害人监督，维护公共利益。这样既大大节约司法资源，有效保证破产人及时复权，同时法官的严格审查还可以防止破产人恶意逃债。[②]"混合复权模式要求具备法定的程序条件，同时有法官的监督审查，尤其是对破产人恢复法律权利和职业资格的审查。这样，可以有效防止复权制度被恶意利用，也约束了法官肆意使用自由裁量权。值得借鉴采纳"。[③] 仔细梳理《深圳经济特区个人破产条例》能够发现，虽然复权制度散见于少数条文中，但大体上可以分为当然复权和申请（许可）复权两种模式。

（三）混合复权模式的构建

即便采用混合复权主义，仍然有很多问题亟待解决。比如以什么制度为主，什么制度为辅；按照什么标准区分适用当然复权主义的情况和许可复权

[①] 沙洵：《建立我国个人破产制度的若干思考》，载《华东政法学院学报》2005年第2期。
[②] 李飞：《我国个人破产制度构建的理论展开——以〈深圳经济特区个人破产条例〉为参照》，载《投资研究》2021年第3期；李晓燕、鹿思原：《论我国个人破产制度的构建》，载《山西大学学报（哲学社会科学版）》2020年第2期。
[③] 杨显滨、陈风润：《个人破产制度的中国式建构》，载《南京社会科学》2017年第4期。

主义的情况，同时我们还要避免采用混合复权主义所导致人民群众对法律制度的理解和接受度的下降。但总体来说，依照不同的情况采用不同的立法模式仍然符合立法精细化的要求，也是符合客观规律的。概言之，我国应采用以许可复权主义为主，当然复权主义为辅的混合复权模式。理由如下：

第一，我国目前处于个人破产复权制度实践的初级阶段，相关配套机制不够完善，如果以当然复权制度为主，难以防范破产复权人的道德风险。所以不能采用当然复权主义为主，许可复权主义为辅的混合复权模式。

第二，法院审查监督能保障相关材料真实可靠性，有效保障债权人的权利，化解债权人对债务人是否逃避债务的质疑。对于中国民众来说，本不具有破产无罪的法律文化传统，渐进性的改革更有助于法律制度的落地实施。

第三，该模式更加有助于促使破产债务人积极达成复权的条件。采用此混合复权模式，债务人具有积极履行破产程序的动力，并出于对失权情况的担忧和对正常生活的向往，达成复权条件后会积极向法院申请复权，而不是被动等待。

第四，该模式兼顾了效率和公平，有效平衡了债权人和破产债务人之间的利益。符合当然复权的条件，可以免去法院审查并裁定的司法程序，及时产生破产债务人复权的效果，提升破产复权制度的经济效益。破产债务人需要履行完毕和解协议及清偿债务，才符合许可复权的条件。既照顾了破产债务人通过复权程序回归正常经济生活的需求，也更有利于债权人利益的实现。

关于区分适用当然复权主义的情况和许可复权主义的情形，本书认为可以按照下列情况分类处理。

第一种是破产和解的情况。该程序中破产复权的前提是债权人与债务人已经达成和解协议并合法履行，而《深圳经济特区个人破产条例》未明确和解程序中的复权规定，应予以完善。《深圳经济特区个人破产条例》第142条规定："人民法院经审查认为和解协议符合本条例规定的，应当裁定认可和解协议并终结和解程序。"在个人破产复权制度中免责与复权形影不离，但具有不同的内涵，不能混为一谈。

本书认为，破产和解的复权需要按照许可复权主义进行。如破产债务人在免责考验期内与债权人进行了破产和解，其剩余债务清偿义务被全部免除，则破产程序终结，破产债务人应向人民法院申请复权。如破产债务人通过破产和解调整债务清偿计划，或者仅被免除了部分清偿义务，需要继续进行债务清偿的，则应按照和解协议确定的内容执行。和解协议的履行大致有三种情形。第一种情形是和解协议顺利执行完毕，破产程序终结，债务人申请复权。第二种情形是和解协议未能顺利执行，债务人不按和解协议规定的内容清偿全部债务。经过相关债权人申请，破产法院裁定恢复破产程序或强制执行破产和解协议的，债务人仍应在最终申请免除未清偿债务时一并申请复权。第三种情形是和解协议未能顺利执行，但未清偿债权人方并不申请恢复破产程序或强制执行。在和解协议履行期满后经过一定的法定期限，债权人则不得再向法院主张恢复破产程序，也不得申请强制执行。破产程序与执行程序均告终结，未清偿的破产债务均转为自然债务，则债务人自法定期限届满之日起得以向法院申请复权。

  第二种是破产重整的情况。破产重整是让有未来可预期收入的债务人，可以依照法律规定向人民法院申请重整。《深圳经济特区个人破产条例》对个人重整当然复权的基本路径是：①受理破产（包括清算、重整、和解）申请，债务人权利受到限制（包括消费行为限制、个别清偿限制、隐私权限制，指定管理人后的诉讼资格限制）；[①] ②直接申请或在裁定受理破产清算申请后至裁定宣告破产前；③法院认为符合重整受理条件的，裁定受理重整或转入重整程序；④裁定受理重整申请之日起30日内提交重整计划草案并表决，法院裁定批准重整计划并终结重整程序；⑤法院批准重整计划同时作出解除限制债务人行为决定，但此时债务并未免除；⑥重整计划执行完毕或按计划清偿各类债务均达四分之三以上，可申请免除未清偿债务。此外，如存在债务人欺诈、债务人财产状况恶化、不执行或不能执行重整计划等情形，即重整不成功，则终结重整程序，转入（或可申请转入）清算程序，宣告破产。

  根据《深圳经济特区个人破产条例》的相关规定，破产重整期间不超过6个月。人民法院裁定批准重整计划的，应当同时作出解除限制债务人行为的决定，将决定书送达债务人，并通知破产事务管理部门，而自重整计划执行完毕之日起15日内，债务人可以向人民法院申请免除其未清偿的债务。也就是说，在现行的法律制度下，破产重整复权时间是远早于免责时间的。这一

[①] 《深圳经济特区破产条例》第23条、24条、33条、29条。

规定同日本破产法中的相关法规类似。《日本破产法》第255条的当然复权情形第三种即"再生计划认可决定确定"，但《日本民事再生法》第178条明确再生计划依法院批准该计划的裁定生效而发生效力，除再生计划确认的权利外，免除再生债务人对全部再生债权的责任。在重整计划批准之时即复权的原因主要是重整可能需要相当长的时间，如果一直对重整债务人实施失权可能会使其产生巨大的心理压力。但值得注意的是，假如重整债务人不执行重整计划，《日本民事再生法》规定可以依据再生债权人表的记载，申请对再生债务人或者再生计划的保证人等进行强制执行。如果确实必须结束再生程序，可根据债权人申请或法院依职权启动牵连的破产程序。而《深圳经济特区个人破产条例》规定只能由债权人申请终止执行重整计划，并对债务人进行破产清算，而不能申请强制执行重整计划。因为《中华人民共和国企业破产法》第93条及相关司法解释，均没有对重整计划债务清偿方案可以强制执行问题作出直接、明确的规定，条例作此设置对接现行法规无可厚非。但本书认为，如果个人破产重整计划在不能执行或者不执行的情况下，即要终止而会转入破产清算程序，那将必然使破产债务人再次进入失权的状态。如果在反复过程中导致其他问题，不如待重整成功后与免责程序一并进行。甚至可以将重整成功等无须法官监督的案件排除在外，从而大大减少法院的收案数量。

　　第三种是破产清算的情况。破产清算状况下的复权涉及宣告债务人破产之后免除债务人未清偿债务的考察期限。在当然复权的制度建构中，一般会认为此种情况下失权达到了法定期限，无须法院再次介入浪费司法资源，因此破产债务人应当自动复权。本书认为，目前阶段仍宜适用许可复权制度。《深圳经济特区个人破产条例》规定的考察期较短，债务人是否存在不得免除的债务以及不得免除未清偿债务的情形需要管理人进行调查，而法院对破产清算的免责审查甚至排除了债权人的意见，法院对是否同时解除对债务人行为限制有决定权，因此一并审查复权申请并不会消耗过多司法资源。但如等以后相关配套制度成熟，法定期限经过后自动复权也是可行且必要的。

　　在破产考察期的年限设定方面，从《深圳经济特区个人破产条例》第100条来看，债务清偿比例与考察期年限相关联，按照清偿比例的不同分为三个档次，具体而言，债务人清偿剩余债务或者债权人免除债务人全部清偿责任的，视为考察期届满；如果债务人清偿剩余债务较多，达到三分之二以上，则考察期相对较短,为一年;债务人清偿剩余债务较少,达到三分之一以上不足三分之二,则考察期相对较长,为二年。这种区分体现了实质公平的考虑,对于不同情况的债务人,如果能结合债务清偿比例、征信系统记录、家庭财产状况以及个人工作情况裁定不同的失权年限,能够更加符合破产复权制度设置的目的。

此外,对于准破产人的复权年限应进行特殊的设置。《中华人民共和国公司法》第146条第3款及《中华人民共和国企业破产法》第125条均有相类似的规定:对企业破产负有责任的企业董事、监事或者高级管理人员,自破产程序终结之日起三年内不得担任任何企业的董事、监事、高级管理人员。按前文所述,本书建议复权期限延长至5年,这样才更可能根据破产债权人的个人情况进行区分处理。同时,准破产人并非个人进入破产程序,只是基于对企业破产负有责任的牵连失权,经过法定时限后法院无须审查,应进行当然复权的设置。

综上所述,本书认为要结合以下几点考虑复权规定。

第一,复权条件严格,并且条件满足与债权人利益攸关的情况,要采取许可复权主义,否则脱离法院依法审查的情况下,容易引发道德风险。

第二,并非破产债务人以清偿或者其他合法方式减免剩余债务或者要审查破产和解协议是否实际履行完毕等情况,而是破产程序进行后通过考察期进行免责和复权,在法律有明确规定期限的情况下,法院无须审查相关条件,期限届满后破产债务人当然复权。

第三,除了按破产程序划分不同情况,失权的限制也可能决定复权的程序。目前破产债务人的行为限制包括限制消费行为、限制职业资格和限制借贷额度三种类型,未来还可能根据配套制度的建设有更多种类的限制。因此可以考虑根据行为限制的不同分析复权制度的设计,再将破产程序列入矩阵表格,形成更多更合理的混合复权制度方案,但这仍需要调研试点后进行制定。

第四,把握先紧后松的原则。在我国由于没有破产无罪的传统法律文化,在普罗大众对破产复权制度又不甚理解的情况下,初期应更多地适用许可复权主义。等条件成熟之后,特别是配套制度建立之后,以撤销复权裁定控制道德风险,可以更多地适用当然复权主义。

第二节　个人破产复权制度的实体内容

一、失权复权的协调对接

(一) 免责与复权的结合与区分

破产免责制度与个人破产制度基本是同时产生的，即破产程序终结之后，符合法律预先规定之免责条件的债务人，已经无法清偿的债务可以在法定范围内免除偿还责任。破产免责制度并不只是对债务人的一种纾困制度，对债权人而言也有相当重要的意义。在债权人对债务人可以进行"监禁"的时期，破产免责制度的设置更容易诱使债务人自愿向债权人交出更多的破产财产。对于债务人而言，破产免责制度则更是属于其申请破产的直接原因，可以避免诚实而不幸的债务人陷入债务困境之中不能自拔，以至于从原本为保护债权人利益的附属支付而成为具有救济债务人价值的独立制度。

免责与复权的关系存在争议，但对此问题的厘清有助于我们了解破产复权制度的形成过程。第一种观点认为，免责和复权之间存在因果关系。这种观点主要的依据是目前大部分国家的免责制度并非自动适用，而需要经由向法院申请，确定无其他的违法行为后即给予许可，其债务的清偿责任得到免除。同时在无特殊的情况之下，也就一并恢复破产人的受限权利，无须另行申请。因此有些学者认为免责和复权之间存在着密切的因果联系。第二种观点认为，免责和复权之间并非简单的因果关系，而根据免责程序的申报情况，免责仅仅是导致债权人剩余财产的请求权被消灭，但仍然属于自然债权。如果债务人愿意继续履行，债权人仍然是有受领依据的。免责不会天然地作为复权的前置条件，只是由债权人的债权请求权的消灭换取了债务人重生的可能，经济上的损失等于由整个社会来分担。

笔者认为，免责制度和复权制度并不必然是具有因果关系的制度，但两者是相辅相成紧密联系的制度。首先，免责制度在个人破产制度的创设中更具有基础的地位，因此产生时间更早。从作用上看，免责制度不但提供债务人对破产管理人及债权人之间合作的动机,有利于债权的实现,又可以增加债务人重返经济社会的概率。免责制度还间接对债权人监控债务人的信用情况和举债目的提出要求,借由债务的有限性鼓励创业者创业,其制度设计是极为必要的。而复权制度是相对失权制度而生的,目的是恢复债务人的受限资格和权利,两者功能并不完全等同。其次,尽管大部分国家和地区的个人破产制度将免责程序和复权程序相结合,但也有区分开的。如我国台湾地区所谓"破产法"第149条就规定:"债务人按照协议或者程序偿清债务后,债权人不得对未受清偿部分提出请求。但破产人因犯欺诈破产罪而受刑之宣告者,不在此限。"由此可知,台湾地区的破产免责采用当然免责主义,除非破产的债务人因犯欺诈破产罪而受到刑法处罚,都无须经过申请法院许可的程序当然免除债务。而复权则在第150条规定:"一般情况下,破产人通过完全清偿或者其他方法消灭对债权人的全部债务时,得向法院申请复权。"需要法院的许可方可复权,这也从程序上避免了申请破产债务人太过容易地免责和复权,出现道德风险。从程序上的黏合性看,不能完全认为两者是必然的因果关系。

从狭义上理解,复权即恢复所失之权,解除由破产程序的失权限制即为复权。但从根本上讲,复权的终极作用在于以程序设计确保诚实而不幸的债务人重新以正常人身份回归社会生活、参与社会活动,进而实现个人破产制度的价值目标。因此,从广义上讲,免责制度和解除"破产人"身份的制度也可以纳入复权制度加以讨论,在制度设计上可以根据破产程序的不同将免责和复权制度进行结合或者区分。

(二) 失权与复权的一体两面

个人破产失权制度是指破产自然人因法院宣告其破产而在一定期限内丧失某些权利及职业资格的制度。[1] 也有学者将其称为人格破产,认为其是自然人破产的特有制度,它表现为其在生活消费、行动自由和社会权利上受到的限制。[2] 关于失权制度与复权制度的关系,随着私有财产的出现和贫富差距的

---

[1] 李晓燕、鹿思原:《论我国个人破产制度的构建》,载《山西大学学报(哲学社会科学版)》2020年第2期。
[2] 叶甲生:《理想与现实:重思自然人之破产能力》,载《江淮论坛》2008年第5期。

产生，人们之间产生了债务问题。而当债务不能得到清偿的时候，失权制度就随之出现，因此失权制度出现在个人破产制度产生的初期。奴隶社会早期对"人"的主体性不够重视，因此大多数惩罚措施都直接针对人身。从《十二铜表法》可以看出，债权人可以拘押债务人，将不能清偿、和解、无人代为清偿或保证的债务人贩卖至外邦或者杀死，等于直接对债务人的自由权、人身权乃至生命权进行处分，而这在当时被认为是完全正当的。在后期，由于加强了对"人"作为主体的重视，不再剥夺债务人的生命，但对债务人的人身进行监禁也持续了相当长的时期，并且获得了相当广泛的适用。这种处理方式仍然是站在破产有罪的角度，强调了失权制度的惩罚性，从民事措施到刑事措施莫不如是，这种情况之下不会给予债务人以重新开始生活的机会。破廉耻制度则已经相对体现了破产中的惩戒主义，更加贴近现代破产观念中的资格丧失，首先宣告债务人破产，然后限制债务人的某些资格及身份权利，并用这种方式给债务人施加压力去实现债权。失权制度起源于奴隶社会的极刑等刑罚，以现代法治所蕴含的人文思想为终结，不仅通过对债务人的惩罚以求得债权的实现，也是以保护人权为惩罚底线，目的是帮助债务人重生而不是报复。它限制了债务人的权利，但这种有限的限制同样是对人权的积极保护。

失权制度作为破产制度的重要部分，伴随着个人破产的产生而产生。当债务人的个人债务清理完毕，破产终结之后，权利的限制状态无须持续，就有取消权利限制的可能。我们可以理解，在奴隶时期至中世纪时期，甚至在现代法治语境下的个人破产制度以前，都没有破产复权制度产生的根基。因为个人破产的目的是公平实现债权，欠债有罪的天然观念使得失权制度的价值得到肯定，能间接给债务人以压力，也能抚慰债务人的心理。一直到现代法治文明中尊重和保障人权的因素影响到个人破产制度，破产法律的底线也需要保障债务人的基本权利。社会公众的普遍观念认为，永久的失权无助于无辜的债务人重新开始生活，回归社会，因此需要通过相应的复权制度去抵消失权的效果。因此破产复权制度必须作为破产失权制度的闭环程序而存在，如同一枚硬币的两面。

二、个人破产复权的主体

(一) 消费者破产人

消费者破产人不是从事商事经营的商主体,而是基于非理性的过度消费导致支付不能、无法清偿债务而引发破产的自然人。消费者破产人的债务风险预见能力、偿债能力、破产复权的需求均有特殊性,因此需要加以特别关注。

从形成原因来看,正是由于信用消费的大行其道,消费者在消费过程中预支了未来的消费能力,因此破产债务主要来源于消费负债等非商业行为。在各国利用各种调控手段扩大内需和民间投资的大背景下,消费者在信贷市场中无力清偿债务是不可避免的问题。大部分消费者破产人可能是涉世未深的青年人。这些青年人接受某些提倡借贷消费的观点,预支消费能力而最大化整体的幸福感,却导致了消费失真和负债警惕性降低的恶果,一旦面临未知风险,抵御能力极弱。还有部分消费者破产人遭遇的经济困难是由超出其控制的原因而导致的。这些消费者破产人如果不能通过破产程序复权,则将导致终身背负沉重的债务枷锁,无法获得重新融入社会经济生活的机会。在目前个人破产已趋宽容的法律文化背景下,民众对此类消费者破产人进行拯救的容忍度也会提高。

消费者作为破产复权主体的时间并不长,杰森·J. 基尔伯恩(Jason J. Kilborn)教授曾经指出:"一个社会制定消费者破产制度的前提是其必须有相对发达的协议履行机制、有可进行融资的发达的金钱借贷机制,以及个人可以为非商业目的借贷和承担其他金钱义务。"[1] 在20世纪90年代之前,世界各国基本没有将消费者纳入破产主体范畴,即便作为破产主体也不予免责,更不能复权。仅有英国在破产法中承认任何自然人负债都可以进入破产程序。直至20世纪90年代之后,从欧洲大陆开始,消费者才逐步被作为复权的主体,如法国1989年颁布的《保护于调整个人和家庭过度负债法案》;英国于1990年改革了《债务管理指令》,芬兰、挪威、奥地利、瑞典、德国、比利

---

[1] Jason Kilborn, *Comparative Consumer Bankruptcy*, Carolina Academic Press, 2007, p.16-17.

时、卢森堡等国家纷纷在此后逐步制定了消费者破产法律制度。受到影响，日本于1999年重新制定《民事再生法》，美国于2005年通过了《2005年预防滥用破产法与消费者保护法案》（The Bankruptcy Abuse Prevention and Consumer Protection Act of 2005）。我国台湾地区也于2007年出台了所谓"消费者债务清理条例"及相应的实施细则。

破产复权主体中的消费者与消费者权益保护法中所指的消费者并非同一含义，其债务形成并非由某一具体的交易合同所决定。同时，消费者破产人也要与商个人破产人相区别，尽管区分破产债务是源于商业还是非商业行为有一定困难，但仍需遵循一定的规则。本书认为，仍然可以从商法基本理论入手，德国主观主义商法模式认为，商人从事商事经营的全部行为就是商行为，法国客观主义商法模式认为，商行为是商法规定的各种营业活动，应结合进行判断。因此一是看是否需要市场主体登记为商人，二是看债务类型是否主要是经营性债务，如果是混合型的债务则以其主要债务类型进行定义。

消费者破产人通常是工薪阶层，特点是资产和收入相对稳定，债务的类型较为简单，大多为金融机构的信贷债务。在程序设计中要注意多方面的因素，假如破产目的要使消费者破产人摆脱债务困境及恢复经济生活，则破产复权程序需要考虑迅捷性和简易程序的设置，并有一定的弹性。但德国立法中考虑防止消费者债务人复权后再次陷入无力清偿的境地或防止其滥用破产复权制度，对破产复权加以限制的精神也应该吸收。而且为了债权人利益平衡，基于消费者破产人一般有利用收入还款的可能性，还应强化破产和解等程序的运行。

针对消费者破产人此类较为特殊的破产复权主体，其破产复权条款或者以消费者破产法形式单独立法，或者以修正案的方式补充入现有的《中华人民共和国企业破产法》之中。

(二) 破产商自然人

目前商事主体类型所采取的三元论导致不具备法人资格的"三资"企业、集体企业等无法进行分类，个人独资企业也不被列入商个人之中，而作为非法人组织。有学者认为"三元论使得外延上有不周延性、概念体系的混乱性、与现行法的冲突性"，并建议"以商事主体是否具备规范组织形式为唯一标准，将商人分为个体形态的商人和组织形态的商人，前者为商个人，后者为商事组织，此谓二元论分类模式"。① 本书认为，此种分类方式较好地对应了《民法典》的规定，可以有效衔接个人破产复权制度的规定，并可就个体形态的商人破产和组织形态的商人导致的个人破产分别规定复权制度。

1. 个体形态的破产商个人

商个人破产人主要包括个体工商户和农村承包经营户。个体户是我国经济发展过程中的独特经济组织形态，能够有效地解决过剩劳动力就业的问题，也有效地促进了国民经济的发展。《民法典》第54条规定："自然人从事工商业经营，经依法登记，为个体工商户。个体工商户可以起字号"。2021年8月，国务院发布《中华人民共和国市场主体登记管理条例》，个体工商户需要按管理条例规定进行登记。当然，《无证无照经营查处办法》第3条中规定无需证照从事简单经营活动的人，即不经登记的某些个人摊贩，进行长期营利性营业，也是属于个体形态的商人。近年来还有某些不经登记，以电商、微商、个人工作室等营业方式进行自我雇佣的新型商人。个人经营的，以个人财产承担责任，家庭经营的，以家庭财产承担责任。

农村土地承包经营户是农村集体经济组织依照农村土地承包经营合同的约定，利用农村集体土地从事种植业以及副业生产经营的农村集体经济组织成员或者家庭。因此已经明确农村土地承包经营的承包人只限于土地所属本村的集体经济组织中的成员。农村承包经营户的债务，以从事农村土地承包经营的农户财产承担；事实上由农户部分成员经营的，以该部分成员的财产承担。

2. 组织形态的破产商个人

组织形态的破产商个人是指个人独资企业、合伙企业、不具有法人资格的专业服务机构等，他们均不具有法人资格，属于非法人组织。但能以自己的名义从事民事活动，既不同于个体工商户，也不同于一般企业，受《中华人民共和国个人独资企业法》调整。因此，个人独资企业为非法人企业。合伙企业适用《中华人民共和国合伙企业法》调整，合伙设立的专业服务机构

---

① 李建伟：《民法典编纂背景下商个人制度结构的立法表达》，载《政法论坛》2018年第6期。

如会计师事务所由《中华人民共和国注册会计师法》调整,律师事务所由《中华人民共和国律师法》调整。《民法典》第 104 条规定:"非法人组织的财产不足以清偿债务的,其出资人或者设立人承担无限责任。法律另有规定的,依照其规定。"该条款是从既有零散法律条文中抽象归纳出来的。对于非法人组织存续期间的债务需要有效清偿,就必须明确该团体与成员之间的权责关系。因此非法人组织的设立者、组织者、管理者或实际控制人对此类组织存续期间所产生的债务承担清偿责任,既可能因承担债务而导致个人破产,也应作为复权主体,并且其复权程序应与独资企业、合伙的破产程序产生关联性。

(三) 准破产人

在企业治理的实践中,对于企业经营发展负有经营责任的人员可能也会遇到负债或者遭遇任职资格限制,从而导致有复权的需要。此类人员主要是董事、监事及高级管理人员等。董事掌握公司经营管理决策权、经理拥有日常经营管理权,监事则起着监督之责。由于此类人员对破产企业的破产负有直接的个人责任,因此受到了任职资格的消极限制。《中华人民共和国公司法》第 178 条规定了限制情形,其中包括:担任破产清算的公司、企业的董事或者厂长、经理,对该公司、企业的破产负有个人责任的,自该公司、企业破产清算完结之日起未逾三年;个人因所负数额较大债务到期未清偿,被人民法院列为失信被执行人。"《中华人民共和国企业破产法》第 125 条有类似的规定:"企业董事、监事或者高级管理人员违反忠实义务、勤勉义务,致使所在企业破产的,依法承担民事责任。有前款规定情形的人员,自破产程序终结之日起三年内不得担任任何企业的董事、监事、高级管理人员。"

除经营者以外,公司的自然人股东如果滥用公司独立法人人格,在具体债务关系中可能会承担连带责任,也可能导致该自然人股东破产。《中华人民共和国公司法》第 23 条规定:"公司股东滥用公司法人独立地位和股东有限责任,逃避债务,严重损害公司债权人利益的,应当对公司债务承担连带责任。"这在《民事案件案由规定》中作为"股东滥用公司法人独立地位和股东有限责任赔偿纠纷"而存在。

上述两类准破产人作为破产复权的主体在其他国家的相关法律中有类似

的规定,如《法国商法典》第 L653-1 条中规定包括"担任法人法律上或事实上的领导人"的主体都可以适用司法重整或者司法清算程序。[①] 而在英国公司法中,也有正式董事、事实董事、影子董事之区分。值得注意的是,在中国的法律框架下,准破产人并非必然失权,而是对企业破产负有个人责任的前提下,权利和任职资格才会受限。因此破产复权制度中对于此类准破产人复权条件要加以具体的规定,以便与现行法律制度相衔接。

(四) 关于死亡破产人复权必要性的思考

学者们对继承人是否具有为死者申请复权的权利也存在争议。有学者认为,如果人死亡后,享有名誉权,应当受到保护。那么死亡的人也应当有复权的意义,只是由于生命的消亡而失去了申请的资格而已。[②] 但有学者持反对意见,其认为,即便是死者在生前被破产宣告并承担了破产失权的法律后果,也没有复权的必要。因为只有破产宣告才会真正涉及死者的名誉问题,破产其本身已经被公认为市场竞争之下的必然结果,破产并不等同于犯罪,其不足以名誉损害论之。学者们对继承人是否有权为死者申请复权主要集中于宣告破产或宣告失权的死者是否具有名誉权,以及名誉权是否受损的角度。[③] 就现今的制度设计来看,笔者支持死亡破产人无须复权的主张。首先从个人破产的发展来看,从最初的人身禁锢到剥夺自由,最后发展到人格减等,意即债务方面的经济责任不再与破产债务人的人身联系,而转为了在保留其生存权的基础上进行人格减等,进行相应的限制,包括从事经济活动的主体资格、信用的等级、借贷的限制等。从实际来看,《深圳经济特区个人破产条例》主要是限制消费行为、职业资格及借贷额度,消除这三方面的限制对死者来说并无意义。从名誉权的角度,普罗大众经过个人破产复权制度的实践后,更应接受破产无罪的观念。从传统中国法律文化的观念来看,破产毕竟只是民事范畴内的概念,与"父债子还"常常连用的是"人死债消",因此死者的失权主要还是在经济及生活层面的负面影响,并不会涉及太多名誉权减损的问题。

[①] 《法国商法典》,罗结珍译,北京大学出版社 2015 年版,第 932 页。
[②] 汤维建:《破产程序与破产立法研究》,人民法院出版社 2001 年版,第 464 页。
[③] 文秀峰:《个人破产法律制度研究——兼评我国个人破产制度的构建》,中国人民公安大学出版社 2006 年版,第 220 页。

三、个人破产复权的条件

(一) 债务人已按债务计划清偿全部债务或免除债务人未清偿债务

当债务人已经偿还全部债务,限制权利已经失去意义,复权是自然而然的事情。

我国个人破产制度建构中必然设置相应的免责制度,导致债务人清偿的债务通常会少于其应承担的债务。所以,当破产人尚未还清全部债务而要求复权时,必须严格甄别,衡量其是否是诚实而不幸的债务人,是否勤勉向上,是否有社会危害性等因素。如果债务人选择个人重整程序,则需要在重整计划中制定相应的债权受偿方案。如果债务人选择个人清算程序,则债务人在遵守破产财产分配规则的前提下,也可以在满足条件后提出免责的申请。无论债务人是通过哪种破产程序获得法院裁定免除未清偿债务,都应符合破产复权的前提条件。

(二) 债权人与债务人达成的和解协议已合法履行完毕

债权人和债务人愿意达成和解时,可以向人民法院提出申请,双方意思表达真实,其内容不能违反法律法规的规定,不能损害国家利益、社会公共利益以及其他人的合法权利,和解协议内容必须公开公正。在和解协议合法履行完毕后,债务人可以获得对未清偿债务的免责,对其继续进行资格和权利的限制已经丧失了相应的法律依据。此时也满足了破产复权的前提条件。

(三) 破产债务人未触犯欺诈等限制行为而达到失权年限

即使破产债务人没有前两种复权的情形,失权状态也不能无限期地维持下去,仍然需要通过复权程序使破产债务人回归经济社会。因此达到法律规定的失权年限也应该成为复权的前提条件之一,失权年限的设定显得尤为重要。失权年限单纯因为时间流逝而获得利益,因此主要考虑与其他制度的对接,以及民众的接受度。

《深圳经济特区个人破产条例》中规定的考察期一般是人民法院宣告债务人破产之日起3年,违反限制行为规定义务的延长考察期,延长不超2年。

第五章　个人破产复权制度的建构思路与对接机制

就破产债务人的心理来说，如果在破产复权制度的初期就只设定为3年，以后再想延长年限可能难度较大。建议法院在确定个人破产复权时间时适用5年的标准，采取该标准一方面可实现与世界主流接轨；另一方面能够更好地保障破产债权人利益，避免个人破产复权制度的权利被滥用。在以后条件成熟之后，还可以根据社会和经济的发展情况对破产考察期进行相应的调整。

此外，还应要求债务人在考察期内没有违反债务人义务乃至欺诈等不当行为，比如故意违反关于债务人行为限制的规定、故意违反债务人财产申报义务等，或者以隐匿、转移、毁损财产等方式不当处分财产，此等情况下不能免责，也不能复权。如果债务人存在以欺诈债权人的意图恶意转移或处分财产，导致债权人利益受损的行为，有的学者认为不能免除债务人的剩余债务，也不得适用破产复权制度。无论是债权人还是其他利害关系人，一旦发现债务人有欺诈行为，并因欺诈获得债务免除的，债权人可以向人民法院提出申请，法院裁定撤销免除债务人未清偿债务。《日本破产法》第254条规定："就欺诈破产对破产人的有罪判决确定时，法院可依职权或破产债权人申请，作出免责撤销裁定。破产人以不正当方法得以免责，破产债权人于免责后一年内提出免责撤销申请时，亦同。"在破产债务人作出非诚信的不当行为之后，提出免责撤销申请，一并撤销复权的状态是应有之义。此外，鉴于个人破产复权制度的实施，以后刑法上也可能根据欺诈行为的严重性规定针对破产债务人的虚假破产罪等破产欺诈类犯罪。本书认为，由于破产复权制度的设置目的之一是保护债务人的人权，给予其人道主义的帮助，使债务人回归到正常的家庭和经济生活之中。即便是受过破产犯罪处罚的破产债务人，其在遭受刑事处罚改过自新后，如果仍然剥夺其破产复权的可能性，终身无望成为正常的民事主体，不仅对个人是沉重的现实负担，也不利于社会的稳定。因此仍然建议破产欺诈类犯罪的人员，在刑满释放后的一定期限内，也给予破产复权的可能性，当然其考察期需要设置为远超一般破产债务人的考察期是应有之义，笔者建议以10年为限。

综上所述，应将债务人已按清偿计划清偿全部债务或免除债务人未清偿债务、债权人与债务人达成的和解协议已合法履行完毕、破产债务人未触犯欺诈等限制行为而达到失权年限等设定为复权的条件，并需要细化审查的要求。

第三节　个人破产复权制度的程序内容

一、许可复权的程序设计

在许可复权主义之下，当事人需要按照法律规定完成申请复权的程序，由法院进行审查，程序较为严谨。

(一) 破产复权主体提出申请

首先，应当由破产复权主体在满足法定条件的情况下提出申请，破产复权主体包括破产债务人和准破产人等。一般应提交书面复权申请，书写申请确有困难的可以口头申请，由书记员记录后经申请人签名、盖章或者捺印确认。由于破产债务人自身留存和整理材料较为困难，由管理人征求债权人和破产实务管理部门的意见，进行调查和收集材料，向法院出具书面报告，并提交债权人名单和债务清偿情况的书面材料。

(二) 法院审查事项

法院受理破产人的复权申请后，应当先进行形式审查，待形式审查合法后再进行实质审查，实质审查破产人的复权申请是否符合破产法法定的复权条件。[①] 法院接到当事人的申请后，要进行形式审查。形式审查包括：①该法院是否为复权申请的管辖法院；②申请人是否为适格复权主体；③申请书的复权请求是否明确适当；④复权的事实和理由是否符合法律规定；⑤管理人的书面报告和相关证明材料是否符合形式要求。

形式审查完成后进行实质审查，主要审查材料的真实性，并确定是否符合法律相关规定。无论是法院裁定终结破产程序，还是裁定免除债务人未清偿债务、批准重整计划，债务人均有权以此事实和理由提出复权申请。

[①] 汤维建：《破产程序与破产立法研究》，人民法院出版社2001年版，第464页。

(三) 复权裁定并公告

一般来说，如果形式审查和实质审查后无误，法院应当及时对申请进行公告，并设置相应的公告期。破产债权人在公告期内，可就复权申请向法院提出异议。法院作出复权的裁定后，应当将裁定书以书面形式送达债务人和债权人，通知破产事务管理部门，并予以公告。对于准予复权的裁定，债权人有权在裁定书送达的规定期限内申请复议。《日本破产法》第256条规定的"复权裁定"基本按此程序进行，破产债权人在三个月内可就复权申请向法院提出异议，对复权申请的裁定可提起即时上诉。但在《深圳经济特区个人破产条例》中，弱化了复权的程序，附随于免责裁定而作出破产复权的决定，且没有规定债务人申请复议的权利，而详细规定了免责裁定、复议及撤销免责裁定的程序。本书认为，复权制度仍应该设置为单独章节或条款，并且应该规定完整的复权公告、裁定流程、时限以及债权人、债务人、管理人之间的权责，否则在适用时将面临无法可依的情况。

复权裁定的内容，应根据债务人的申请请求列明需要许可复权的全部内容。如果申请人的复权请求未全部列明，法院应进行释明。

(四) 复权裁定的撤销

如果破产债权人对法院提出的异议成立，或在破产裁定作出后，发现债务人通过欺诈手段获得复权，或者复权裁定在程序上有重大违法情形的，人民法院确认事实后，可以依申请或者依职权撤销复权裁定。同样，人民法院的撤销复权裁定应送达给债务人和债权人，并予以公告。债务人对撤销裁定不服的，可以在规定的法定期限内申请复议。可参照我国台湾地区所谓"消费者债务清理条例"第145条的规定，债务人依规复权以后，于清算程序终止或终结之翌日起五年内，如受刑之宣告确定者，法院应依职权撤销复权裁定。

二、当然复权的程序设计

在当然复权的情况下，破产债务人无须向法院申请，只需要满足法律预设的条件就自动复权。目前当然复权程序主要应用于破产重整的程序之中，当然复权模式下的复权或者不需要当事人就复权事项提出申请，或者即使需要提出申请，法院在作出司法裁定的同时作出司法决定，这样虽然有职权主义的影子，但就复权模式而言，仍属于当然复权。当然复权制度在公平和效率的平衡上更倾向于效率价值，但同时也应当兼顾公平的要求。因为复权也并非绝对的无条件，而是由法律预设一定的条件，当达到条件之后无须经过申请或实质性审查即可恢复受限制的权利。条件的设定不但重要，在破产程序中对债务人的限制和义务要求也同样重要。反对复权的原因之一就是对债务人缺乏监督的担忧。但之前已经讨论且明确，当然复权并不会排斥审查和监督，只是在流程的时间线上将监督前置。譬如在以破产重整为程序框架的当然复权中，对债务人或者管理人提交的重整计划的审查既是采用当然复权制度的正当性保证，也是重整程序以及当然复权制度能够发挥实际效用的基础。当然复权的条件设定涉及审查标准（形式标准与实质标准）、审查主体、审查程序、审查结论及处理等问题，需要逐步分析，明确制定的流程。此外，当然复权因为一般无须另行申请，所以与免责制度结合得更为紧密，有的当然复权制度即以破产免责为基础，债务人有免责即有复权。

（一）审查标准

实质标准方面，审查必须设定明确的标准，审查标准又可以进一步分为形式标准和实质标准，其中实质标准主要是针对各方利益的安排和平衡。因此从另一个角度来看，当然复权的实质审查标准的设置就是利益的重新平衡，审查是否减损了某方权利或增加了其负担，若存在权利减损或负担增加，是否具有合法的充分理由、是否符合利益平衡的原则要求。具体而言，以审查个人破产重整计划草案为例，就需要审查：①对特定财产上担保权的安排、处置是否满足"优先受偿"要求，是否存在损害其他债权人利益的可能；②债务清偿顺序是否符合"弱者保护""人身优先""公益保护"的要求；③计划安排是否存在损害国家利益、社会公共利益或他人合法权益的可能；④通过重整程序，债权人获得的清偿比例是否低于破产清算状态下的清偿比例，但债权人同意的不受限制；⑤是否存在可能导致利益安排失衡的情形。

形式标准则直接影响，甚至在一定程度上制约着实质标准。同样以个人重整计划为例，《深圳经济特区个人破产条例》虽然在第114条中对形式要件作了规定，但仍有可完善空间。本书认为，以"可分财产—如何分财产"逻辑线索组织形式审查标准较为可取：债务人财产综述；豁免（自由）财产清单；债务人获财能力及可预期收入；不得免除之债务及债权分类；债权调整及债务清偿方案；其他有利于重整的措施；重整计划执行期限及重整不能时债务人的承诺。

(二) 审查主体

当然复权的设定条件审查不仅关系到债权人的利益实现，也关系到债务人的权益以及其他相关主体的权益乃至社会公共利益，因此审查主体应当采用债权人会议和法院的二元制。

(三) 审查程序

审查程序用于检视实质标准与形式标准，是确保破产程序目的及破产制度目标得以实现的保障。由于需要确保"利益平衡"，需采取"法院审查—债权人会议表决—法院批准"的三段式审查模式，其中法院要严守中立者的态度。

(四) 审查结果及处理

如果当然复权的预设条件最终执行完毕或执行达一定条件，终止执行并免除未清偿剩余债务。当然复权的预设条件未能达成的，需要停止执行，宣告破产、转入清算程序，之后只能采用许可复权的方式进行复权。

三、破产复权的宣告程序

一般情况下，当然复权制度中，是由法律预设复权的前提条件，破产人只要具备相关要件，不必向法院提出申请即可恢复权利，因此复权程序较为简便。但这也导致当然复权制度有一个为人诟病之处，即是其并未在失权与复权之间设置一个明显的界限，以便能够使破产程序的参与人及社会公众所周知。当然复权虽然是在达到一定期限和条件后自动解除权利限制，但是为了保护债务人的人格尊严，避免债务人承受人格贬损的压力，仍需要以一定的方式加以宣告，取得公示的效力。这种宣告更多是在形式上进行确认，与许可复权的区别即是无须债务人单独申请,也无须法院进行实质性审查。但这种形式上的宣告仍然是十分重要的,不但满足法律程序获得公示效力要求,还能给债务人以明确目标和仪式感而增强其适用破产程序的动力、给债权人以清晰预期而弱化其反对意愿。许可复权则需要债务人在满足法定条件的情况下提出申请后,经过法院的审查、裁定后进行公告复权,更加注意程序的严谨性。

(一) 宣告方式的要求

宣告复权的方式应参照宣告失权的方式设置。设置失权并不只是为了惩戒债务人,而是对其相关权利进行限制以督促其及时偿还债务以恢复被限制之权利[1]。以破产重整程序为例,由于重整程序偏重执行重整计划更好地清偿债权,在一定程度上弱化了强制性,因此通常不对重整债务人进行任职资格限制,任职资格限制主要在破产宣告后才发生效力。根据《深圳经济特区个人破产条例》中的相关规定,重整债务人的失权主要包括八种禁止消费行为限制、借贷额度的限制、报告财产和财产变动的隐私权限制、个别清偿行为限制和指定管理人后的诉讼资格限制。本书基本赞同上述针对重整程序的失权设计,但《深圳经济特区个人破产条例》第124条设定的当然复权宣告方式较为简单,需要加以完善。其仅规定批准重整计划的同时作出解除限制债务人行为决定,将决定书送达债务人并通知破产事务管理部门。这存在着两方面的问题。第一是重整程序虽不限制任职资格,但相关限制也有5种,仅规定解除限制债务人行为决定的范围不够明确,容易影响重整程序的进行;第二是仅以决定的方式作出,宣告的仪式感弱,宣告针对范围过窄,难以让社会公众周知,进而产生公示效力,不利于发挥引导债务人预期和激励的作用。

在狭义的理解中,复权即恢复失去的权利,似乎解除由破产程序设定之权利限制即为复权。其实从根本上讲,复权的终极作用在于以程序设计确保"诚实而不幸"之债务人重新回归正常的社会经济活动,进而实现个人破产制

---

[1] 范志勇:《论自然人破产失权、复权法律制度:多元价值革新与双重体系构造》,载《经济法学评论》2020年第1期。

度的价值目标。因此,从广义上讲,对未清偿的剩余债务的免除制度和解除破产债务人身份的制度也应当纳入复权制度中予以设计。将无限责任有限化的个人剩余债务免责制度是对债务人的"救赎性"关怀[①],而允许破产人在破产后的一定期限内解除其作为破产债务人身份的复权制度对于破产人再生和破产程序的终结均具有重要意义。《深圳经济特区个人破产条例》第128条和第129条对于个人重整免责制度的规定为,重整计划执行完毕15日内或因不可抗力等无法执行时按计划清偿各类债务均达四分之三以上,可申请免除未清偿债务。《深圳经济特区个人破产条例》在个人重整当然复权的大原则下设计了债务免除的申请制,但存在两个问题,一是免责需要进行审查,但是审查的要求不具体,且与个人重整的当然复权不尽协调;二是申请期限不合理,重整计划执行完毕有15日期限限制而未执行完毕的无期限限制。此外,《深圳经济特区个人破产条例》对于解除破产债务人身份的复权没有进行规定。

(二) 宣告方式的重构

当然复权的宣告涉及宣告主体、宣告内容、宣告程序、宣告范围等。宣告主体自然为法院,而广义上复权的宣告内容应包括解除权利限制、免除剩余债务、解除"破产人"身份3个方面,宣告程序则因宣告内容的不同而稍有差异;宣告范围不仅应当包括债权人、债务人、管理人、破产事务管理部门等破产重整程序参与人,还应让社会公众周知,故应采用定向送达与公告相结合的方式,并可以运用多种大数据技术进行公告。本书以破产重整的宣告为例。

第一,对于权利限制的解除宣告。由于重整计划此时还未实际执行,效果未知,因此在批准重整计划、终结重整程序时只宜决定解除对债务人消费行为的限制,同时应将决定书送达债务人、债权人、管理人和破产事务管理部门,并公告决定书。对于借贷限制、个别清偿行为限制、重大财产变动报告义务、诉讼资格限制则应当与未清偿的债务免除裁定一并作出。其中因重整经营需解除个别清偿行为限制和诉讼资格限制的,以个案方式提交申请,

---

① 张阳:《个人破产何以可能:溯源、证立与展望》,载《税务与经济》2019年第4期。

由法院批准。另外需要说明的是，基础财产报告义务在受理破产重整申请之初和提交重整计划草案之时已履行，不存在解除问题，至于虚假报告则是另一问题。

第二，对于剩余债务免除的宣告。由于个人重整采用当然复权的基本模式，故对未清偿债务的免除审查不宜过于严格。重整计划执行完毕或执行了大部分的，应当分类采用不同的宣告方式。重整计划执行完毕的，债务人即免除剩余债务、当然复权，其可在较长期限内（3个月以上）向法院申请宣告确认，法院仅对申请作形式审查后即作出免责裁定。债务人不提出申请的，不影响剩余债务的免除，但不得对抗善意第三人。重整计划只执行大部分的，法院对提交材料进行形式审查核查债务人的执行是否达到法定的四分之三比例，达到的即作出免责裁定。作出前述免责裁定的同时应当决定解除个别清偿行为限制、重大财产变动报告义务、诉讼资格限制，并将裁定书、决定书送达破产重整的各方参与者并进行公告。

第三，对于解除"破产人"身份的宣告。为使债务人通过重整程序再生，法院需宣告解除其"破产人"身份，以恢复其名誉。法院作出剩余债务免除裁定、解除所有权利限制的同时，应进行公告，概述重整计划执行、权利限制解除、剩余债务免除情况，宣告破产程序结束，解除债务人"破产人"身份并公告。

第四节　个人破产复权制度的对接机制

一、破产复权与民事执行的对接

个人破产程序建立后，可代替债务集中清理程序，与民事执行程序对接，形成个人的执转破程序。但值得注意的是，根据《最高人民法院关于限制被执行人高消费的若干规定》第1条，被执行人未按执行通知书指定的期间履行生效法律文书确定的给付义务的，人民法院可以限制其高消费，发出限制消费令。而在破产程序中，人民法院同样要作出限制债务人行为的决定。由于执行转破产程序中，执行部门在审判业务庭裁定受理债务清理申请后，应当立即暂停强制执行措施，但限高消费并未解除，即便裁定了终结执行仍有恢复强制执行的可能。因此，应考虑破产复权的裁定是否要针对执行中限制消费令一并作出的问题。当然，如果被纳入失信被执行人名单的被执行人，并不属于"诚实而不幸"的债务人，不应转入破产程序，亦不可能适用破产复权制度。因此法院对纳入失信被执行人名单的人员要更加慎重。

在这个方面，台州市中级人民法院出台的《执行程序转个人债务清理程序审理规程（暂行）》（以下简称《规程》）起到了先行先试的作用。该规程的主要目的是"适当调整个人债务人与债权人之间的债权债务关系，通过强制执行程序与债务清理程序的衔接机制，保障债权人公平受偿，给予诚信债务人基本经济生活保障及重生机会，加强对不诚信行为的制裁力度，进一步优化营商环境和维护社会经济秩序。"根据《规程》第2条的规定，当"债务违约时间在一年以上并已进入执行程序；且经人民法院查控财产或已经过强制执行措施后，财产不足以清偿全部债务，或者无适当财产可供处置并清偿债务的"可以启动个人债务清理程序。但借款人存在因赌钱、放纵消费等不当债务，或存在诈骗等逃避执行的不诚信经营行为则不适合该程序。

执行转个人债务清理的对接程序设计上，执行部门对符合上述要求的执行案件，可启动执行程序转个人债务清理衔接工作。执行法官应当向申请执行人和被执行人释明相关法律规定和本规程内容，征询申请执行人或被执行人是否同意进行债务清理。申请执行人或被执行人表示同意对被执行人进行债务清理的，执行部门将相关材料移送审判业务庭审查。法院的破产审判庭对于执行部门移送的个人债务清理案件，审查债务人能遵守强制执行相关要求，如实申报财产的，参照《中华人民共和国企业破产法》规定，对该债务人启动执行程序转个人债务清理程序，立破字号审理，并进行公告。

之后的债务清理方式比较类似破产程序，不但设置管理人履行债务清理职责，而且根据债务人财产是否足以清偿债务以及是否有预期收入规定了债务清理程序和债务整理程序两种债务清理的方式。如无资产或资产不足以偿还债务的，管理人提请管辖法院裁定终结债务清理程序。负债清除程序结束后，借款人要完成执行退出宣誓，原案件执行部门裁定执行终结。管辖法院在裁定终结债务清理程序的同时，应当作出行为保全令。行为保全令的内容基本等同于失权限制，在负债清除四年至六年内，债务人需要遵守相关限制规定，如不得在一定时限内从事特定行业的经营行为；不得担任企业法定代表人、股东及高管；不得违反限高消费规定；每半年定期向管理人说明财产状况等。如违反法律法规及行为保全令的规定，则债权人可以向管辖法院申请恢复强制执行。如债务人严格遵守相关法律法规及规程规定，则行为保全期届满后，行为保全令不再执行。

此外，还要明确法院执行个人破产案件中行政管理部门的作用和地位。行政管理部门承担了较多的公共管理职责，行政权的合法介入可以为个人破产保驾护航，在破产人金融、征信等方面的信息提供方面进行协助。这一点在《深圳经济特区个人破产条例》第7条中有原则性规定："建立个人破产登记制度，及时、准确登记个人破产重大事项，并依法向社会公开个人破产相关信息。"但对行政部门行使该项职权的具体义务、流程及不作为的追责程序都应当明确，还应该规范法院执行部门与行政部门的对接机制，以实现信息互通，协同管理。现有的规定在实践中已经积累了相当多的经验，但在两种程序的对接方面，仍然要加强相关法规的建设。

二、破产复权与刑事处罚的对接

对于恶意利用破产复权程序的债务人，笔者认为还是应当以预防为主，在破产相关条例中进行规定，从程序入口、审查批准和执行监督三个方面入手。

首先是程序入口约束，也就是从破产原因入手。整体而言，个人破产的原因可以分为"时运不济"和"咎由自取"两类。前者属于已尽其能，只不过由于形势变化、意外事件或不可抗力而在经营上无力回天，后者则系明知不可为而为之，心存侥幸进行"赌博式"投资经营，放任故意将财务崩溃风险或破产结果转嫁给他人或社会①。因此应当区分个人破产的原因，采取不同的审查规则。对于确实"诚实而不幸"而至破产境地者，审查可相对宽松。对于赌博式债务人，除非有确凿证据证明其未来可预期收入达到一定标准，一般不准其进入破产程序。

其次是审查约束。破产程序依照法律规定执行完毕者即可解除行为限制

---

① 王惠：《论破产复权制度》，载《当代法学》2002年第6期。

而进行复权，同时可申请免除未清偿债务。适用个人重整计划的情形下进行的是当然复权，当然复权的条件主要蕴含在重整计划之中。因此更加需要严格审查重整计划以防止当然复权被滥用。除了前文述及的基于"利益平衡原则"的实质审查标准和形式审查标准外，还应当考量个人重整计划的执行难度及风险、预期收入额、债务人怠于执行计划的防范和惩戒。

最后是执行监督和复权撤销。在整个破产程序执行过程中，要着力强化包括债权人、利害关系人、管理人、破产事务管理部门、法院在内的针对破产程序的监督体系。同时，赋予债权人等主体申请撤销复权的权利，赋予法院依职权撤销复权的权力。因为撤销权在保障破产立法宗旨实现、维护诚实信用原则、纠正债务人损害债权人利益的行为等方面发挥着不可替代的重要作用。①

在预防的基础上，要根据恶意债务人利用破产复权程序的情节、性质和手段加以惩戒，以便达到更好的执行效果。

第一是目的阻却。恶意债务人的目的是解除失权限制，获得未清偿债务免责。因此惩戒滥用行为首先应当打击滥用者恶意避债的目的，对恶意债务人既不对剩余未清偿债务免责，也不启动复权程序。一是延长行为限制期，二是明确可免责债务范围、规定不可免责之特殊债务。此外，还应当设定复权的撤销程序、法院可以主动依职权或者依当事人申请行使破产撤销权。

第二是司法惩戒。恶意债务人的行为目的是阻碍诉讼程序的正常进行，属于妨碍司法的行为，理应进行司法惩戒。在《深圳经济特区个人破产条例》第十二章，明确规定了债务人、债务人的配偶和共同生活的近亲属等利害关系人、债权人及利害关系人、管理人在违反条例规定时，均可以由人民法院依法予以训诫、拘传、罚款、拘留。笔者认为还可进一步细化司法惩戒的适用情形、惩戒限定的相关规定，以利于法规的适用。

第三是主观恶意的债务人在破产过程中违反法律规定，情节严重而符合犯罪构成要件的，应当依法追究刑事责任。其中债务人的责任直接影响到破产复权程序是否进行。首先应将破产犯罪体系化入罪，至于是按日本模式在个人破产法中进行规定还是学习德国在刑法中进行规定，这可以再行讨论。

---

① 王欣新：《破产撤销权研究》，载《中国法学》2007 年第 5 期。

其次是学习《日本破产法》扩大欺诈破产罪的犯罪主体，将违法的债务人及其配偶，共同生活的近亲属，债权人、利害关系人和管理人一并列入欺诈破产罪的主体，并统一于一个罪名下进行立法。再次是除了应明确规定欺诈破产罪的主体、客观行为、情节以外，要加重法定刑的设置。日本的规定是处以 10 年以下有期徒刑和 1000 万日元，而对比之下我国刑法目前的设置的惩罚强度是偏低的，导致可能无法形成有效的威慑。最后是应增加法定刑的设置，既然破产债务人实施欺诈破产罪的行为是免责及复权，则可以将禁止复权也列入相应的惩罚措施中。

三、破产复权与域外司法的对接

在目前经济全球化的基础上，我国必须开展对外国破产的承认与协助。针对在我国开展的个人破产制度中所产生的国际破产处理特有问题进行研究，譬如中国个人破产程序的对外效力、什么情况下中国具有个人国际破产管辖权、存在多个破产程序时如何协助调整的问题。这些问题的解决与个人破产复权制度的实施是息息相关的。集中可归纳为两个问题，第一是可否同时进行多个破产程序；第二是破产程序在进行国以外的国家是否产生域外效力。

对于第一个问题，有单一主义和多数主义之争论。单一主义是指对某个债务人仅在其主要经济活动所在国进行一个破产程序，该债务人在其他国家的财产处理问题在该国一并进行解决。因此各国的债权人都可以加入一个破产程序，各国的财产也都统一纳入破产财产中在一个程序中进行处理。多数主义则可以针对一个破产债务人在多个国家开启破产程序。

对于第二个问题，破产程序的域外效力问题。最初，各国对待国际破产问题多采用了属地主义，即拒绝承认其他国家破产程序在本国的效力，同时本国的破产程序也在外国不发生效力。普及主义则是指在破产开始国以外的国家均有效力。

首先，若单一主义配合普及主义，只开始的一个破产程序需要对各国有效，且有不言自明的好处。如果世界各国对某一债务人均进行一个破产程序，也对各国产生效力，则就能实现整体对债权人的公平受偿和对债务人的全部破产财产进行公平处理，这是理想化的状态，复权程序也同样对各国产生效力。如贾某亭案件，如果能适用一个破产程序进行处理，就不会让债权人有选择程序上的困难。但事实上，并不存在统一的法律适用程序，各国即便参与了一些有关国际破产处理方面的国际性条约，也会制定且适用当地的破产法。因此，实际上开启多个破产程序实行多数主义成为了前提。

其次，普及主义也不再满足经济全球化的趋势，会导致本国和他国的债权人产生不公平的受偿，也容易导致债务人隐匿、处分自己的资产，所以必须进行国际协作。美国最早于1978年在联邦破产法典中规定了国际破产问题，其他国家也陆续跟进，并开始以条约的方式进行合作。后来，协调欧盟国际破产条约和欧盟国际破产规则等多边条约出现。直至1997年5月，由联合国国际法贸易委员会（United Nations Commission on International Trade Law）制定了相关国际破产的条约，并发布了《示范法》，以各国分别进行多个破产程序为前提，主要涉及对外国破产程序的承认、与外国法院和外国代表之间的合作等问题。截至2022年，50个国家在54个法域通过了以示范法为基础的立法。

就具体措施而言，首先，我国应该制定外国破产承认协助法，解决外国破产程序在我国效力的问题。因为根据《示范法》和普遍的国际趋势，我国立法需要对面向从事国际经济活动的个体债务人，规定外国破产处理案件的承认协助程序，在中国国内合理实现外国破产处理程序的效力，以及实现个体债务人跨地域的财产清算以及复权程序。一般来说，基于国内法的立场，国外的破产处理程序不能直接在我国发生法律效力，仍然需要通过法院依照司法裁量权，裁定协助后才发生承认的效力。

其次，《示范法》允许破产程序并行存在，并协调各个并行程序之间的关系，这已经成为一个国际趋势。我国还可以借鉴日本的做法，为了防止承认协助程序和国内程序并行或多个外国破产程序申请承认的复杂情况，日本的承认协助法采取了国内"一个债务人一个程序的原则"，并未承认多个外国程序在日本国内的效力。外国破产承认协助法中应涵盖国际破产的管辖范围、阻却承认申请的事由等内容，以及承认程序、承认效果、承认撤销和与其他程序之间的调整等相关内容。

再次，我国还应研究国际破产管辖问题，即哪些预设条件下可对债务人开始国内破产程序的问题，国内破产程序对外的效力问题。国际破产管辖问题上，笔者认为可以采用财产所在地主义的立场，在个人破产的情况下，其商业营业地、住所、居所、财产中有任一项在中国国内的即可以进行管辖。在国内破产程序对外的效力问题上，需要通盘考虑，譬如我国的破产管理人能否就国外的债务人财产享有管理和处分的权利，需要其他国家与我国签订何等协议以彰显对外效力的问题。并且破产管理人通过国内程序一并处理债务人在国内和国外财产时，分配清偿调整的问题。根据公平的原则，应当将国外的财产和国内的财产一并混合调整分配。对此，《日本破产法》第201条第4款规定了国内外财产合并规则（"Hotch-Pot" rule），即"债权人在国内倒产（破产）程序开始后，对债务人的外国财产行使权利获得清偿的，该债权人只有在其他债权人基于该国内倒产程序以同样的比例获得分配和清偿时，才可以得到程序上的分配和清偿"①。

最后，我们还要考虑并行破产的情况下，外国程序和国内程序相互协助的问题。对于我国管理人在进行破产程序时，需要外国管理人提供何等信息和协助的问题。以及我国管理人可否和外国管理人互相参加对方的程序，甚至是否可以基于保护某些不便行使债权人权利的债权人立场，由我国管理人代理中国的债权人参与到外国程序的法律问题。这些问题还有待于我国制定统一的个人破产法后进行深入的研究。

---

① [日]山本和彦：《日本倒产处理法入门》，金春等译，法律出版社2016年版，第247页。

附 件

个人破产复权问卷调查

1. 您的职业是：

    A. 经营商业

    B. 企业员工

    C. 金融机构人员

    D. 其他

2. 您的年龄是：

    A. 20 岁以下

    B. 21~30 岁

    C. 31~50 岁

    D. 51 岁以上

3. 您认为个人债务无法清偿的案例，大都是由于什么原因造成的？

    A. 创业或经营企业

    B. 日常正常生活消费

    C. 购买理财产品，例如炒股

    D. 奢侈消费，恶意逃债

    E. 其他

4. 您是否听说过个人破产？

    A. 是

    B. 否

5. 您是否支持加强个人破产的立法？

    A. 支持

    B. 反对

6. 支持的原因：

    A. 给予诚实而不信的债务人重新开始的机会

    B. 更好地保障债务人和债权人的合法权益

    C. 有利于促进社会经济发展维护和谐稳定

    D. 符合人道主义精神，是社会进步的体现

    E. 符合国际趋势，与国际社会接轨

7. 不支持的原因：

    A. 债权人权益无法得到保障

    B. 对其不公现有程序可以解决，没必要

    C. 现有实施的条件不够成熟

    D. 耗费的司法资源多，增加法院负担

8. 您是否了解在破产程序中的复权制度？

    A. 了解

    B. 不了解

9. 您是否陷入过严重的债务危机？

    A. 没有陷入过

    B. 陷入过

10. 如果您是债权人，您认为个人破产申请人是否会转移财产或恶意逃债？

    A. 会

    B. 不会

11. 如果您是债权人，当自己的债务人申请破产时，您最担心的是哪些方面？

    A. 债务人有了"正当理由"逃避债务，无法追偿

    B. 与其他债权人拉锯争夺债务人财产太麻烦

    C. 法院对债务人后续的监督不到位

    D. 其他

12. 个人破产的程序中，您觉得哪种处理方式更好？

    A. 破产重整。有未来可预期收入的债务人，重整计划执行完毕的，可申请免除未清偿债务

    B. 破产和解。人民法院委托专门机构组织和解，达成和解协议的，可申请法院裁定认可

C. 破产清算。以除豁免财产以外的全部债务人财产清偿债务，由人民法院宣告破产之日起进入免责考察期，债务人需遵守行为限制和程序义务，考察通过的裁定免责，不通过的不予免责继续清偿

13. 如果债务人是诚实守信的，但因为创业或经营企业失败导致申请破产，您觉得第12题中的哪种处理方式更好？

    A. 破产重整

    B. 破产和解

    C. 破产清算

14. 如债务人进行破产清算，限制其权利考察期满后恢复其权利，您觉得能够接受吗？

    A. 能

    B. 不能

15. 如第14题情况，您觉得考察期为多少年比较合适？

    A. 2年

    B. 3年

    C. 4年

    D. 5年

16. 恢复债务人权利的审查，您觉得哪种方式合理？

    A. 符合条件，到期当然恢复

    B. 到期后进行申请，由法官批准

    C. 根据具体情况设置不同的恢复程序

17. 在个人债务无法清偿的案例中，如果强制执行也不能偿还的话，最后大多是怎么处理的？

    A. 继续追索

    B. 不了了之

    C. 其他处理方式

18. 假如您陷入十分严重的债务危机，会如何偿债？

    A. 借款

    B. 卖房

    C. 变卖家中贵重财物，例如家具等

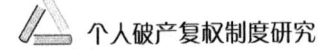

D. 变卖拥有的交通工具

19. 无法偿债时，您是否会向法院申请个人破产？

    A. 会

    B. 不会

20. 个人破产的程序中，您觉得哪种处理方式最好？

    A. 破产重整。有未来可预期收入的债务人，重整计划执行完毕的，可申请免除未清偿债务。

    B. 破产和解。人民法院委托专门机构组织和解，达成和解协议的，可申请法院裁定认可。

    C. 破产清算，以除豁免财产以外的全部债务人财产清偿债务，由人民法院宣告破产之日起进行免责考察期，债务人需遵守行为限制和程序义务，考察通过的裁定免责，不通过的不予免责继续清偿。

21. 恢复债务人权利的审查，您觉得哪种方式合理？

    A. 符合条件，到期当然恢复

    B. 到期后进行申请，由法官批准

    C. 根据具体情况设置不同的恢复程序